Carol-Michel Kawaya

Quand la famille s'en mêle...

Carol-Michel Kawaya

Quand la famille s'en mêle…

Éditions Muse

Cover image: www.ingimage.com

Publisher:
Éditions Muse
is a trademark of
Dodo Books Indian Ocean Ltd., member of the OmniScriptum S.R.L Publishing group
str. A.Russo 15, of. 61, Chisinau-2068, Republic of Moldova Europe
Printed at: see last page
ISBN: 978-620-3-86450-2

QUAND LA FAMILLE S'EN MELE …

De Carol-Michel KAWAYA

Dédicace

A la famille africaine modèle et modérée !

A la famille qui assume le libre choix de ses enfants !

A la famille qui écoute et respecte la liberté de chaque membre !

A ceux dont l'amour est perdu par manque d'écoute et de patience !

A ceux qui survivent à tout assaut !

A ceux qui fondent les familles qui écoutent et guident sans aucun préjugé !

Aux plus discrets des enfants de l'homme !

Aux jeunes épris des valeurs et qui écoutent leur cœur !

I

Le choix de l'époux ou de l'épouse est l'apanage de seuls amoureux, pas de leurs familles. Triste réalité puisque certaines familles s'en mêlent jusqu'à interdire l'union entre deux personnes qui s'aiment bien. De nos jours, se marier est contraint par certains facteurs : appartenance sociale, religieuse, politique, ethnique … Quel est le rôle de la famille dans le choix du partenaire ?

Nous sommes dans les belles rues de Kamandolo, la capitale d'un immense pays à la taille d'un continent. L'atmosphère de ce jour merveilleux est plus ou moins commode. Un soleil doux se lève et éclaire déjà en donnant une idée éthérée de ce que sera cette journée du 02 juillet. Kamandolo est une ville dont la population est estimée à environ 17. 07 000 habitants sur une superficie de 9 965 km^2, ce qui fait d'elle, l'une des plus peuplées de l'Afrique.

Le mois de juillet en République Démocratique du Congo signe le début de la saison sèche qui s'emmène avec toutes ses manifestations dont l'une des plus remarquables est la poussière. On l'aperçoit facilement qui couvre le macadam et les autres artères non asphaltées qui, d'ailleurs souffrent le plus. Le froid non plus ne laisse pas certains coins surtout ceux situés sur des zones plus élevées ou encore celles avoisinantes de cours d'eaux. Pour bon nombre, c'est un temps favorable pour leurs activités quotidiennes et aussi moyen d'anticiper les vacances. Nous sommes jeudi 2 juillet, et on ne peut en ce jour, rien reprocher au Bon Dieu. Le temps est beau, avec une température adaptée au climat tropical, ce qui fait qu'on peut mouvoir sans aucune inquiétude. Si pour beaucoup d'autres habitants de la ville de Kamandolo c'est un jour ordinaire, ce n'est pourtant pas le cas pour Maël. On donne raison à Karl Otto Schmidt qui pense que : « le hasard n'existe pas ».Voilà pourquoi l'étonnement doit laisser la place à l'évidence.

Maël, de ce prénom issu du breton qui signifie « le prince, le chef » est un beau garçon d'une vingtaine d'année, qui vient de terminer ses études humanitaires dans une école de renommée de la capitale. De ses yeux marron on peut apercevoir une merveilleuse limpidité. D'un visage un peu rond ; une barbiche noire taillée en pointe orne son menton. Il semble lancer sans cesse des regards complices pleins d'étincelles. C'est le regard séducteur auquel les filles ne résistent pas souvent. Son visage est divin, illuminé de gaieté et de bonne humeur. C'est le profil d'un garçon plein d'espoir, de force et de détermination.

Cependant, Maël a aussi l'air futé ! Plein d'esprit, de malice et de vivacité ! Il a de drôles petits gestes saccadés, sa tête bouge sans cesse et son vif regard se signe partout, enregistre tout au moyen des lunettes noires-soleil. Oui, c'était bien ça, il ressemble à un gentleman dont le regard des filles ne cesse de tomber dessus. C'est un jour décisif pour lui. Il enfile une chemise-homme bleue, taillée sur mesure qui peut facilement laisser voir ses biceps, lui donnant la forme d'un homme amateur des arts martiaux. C'est la tendance actuelle des gars. Ce jour un peu frais, a permis à Maël de mettre son jeans et des baskets couleur kaki qui se confondent avec la couleur de la poussière qui couvre le sol kamandolois pendant la saison sèche.

Il avait un rendez-vous avec Enaëlle, la fille avec qui il entretenait une relation amoureuse depuis quelques mois. Celle-ci, issue d'une famille nantie dont le père travaille dans une banque de la place n'a presque pas l'habitude de sortir si ce n'est en voiture avec ses parents, soit pour l'école où elle étudiait, soit pour la paroisse dont elle appartient au groupe lectorat. C'est un peu le genre «la fille à papa ». Ces filles qui ne sont pas toujours faciles à aborder à moins d'être de son rang social, ou de faire la même classe avec elle encore est-il de la dépasser en intelligence ou de lui être très proche pour une quelconque raison. C'est le modèle des meufs que désirent beaucoup de mecs du 21e siècle. Son jouvenceau se disait toujours chanceux de l'avoir. Maël se serait rapproché d'elle parce qu'ils se côtoyaient depuis des mois dans le groupe de lectorat de leur paroisse. L'amour, on peut le trouver partout et en toutes circonstances. Après des mois passés à lui faire la cour, Maël n'avait toujours pas réussi à conquérir le cœur d'Enaëlle. Il reconnait finalement avoir utilisé toutes ses vieilles méthodes de drague pour séduire cette fille, parce que pour lui, elle était la plus belle de la planète et que c'est dans ses yeux qu'il contemplait les étoiles et toutes les autres merveilles du monde. Ne disons-nous pas que l'amour est aveugle et que la beauté dépend de celui qui aime ? La ténacité avec laquelle ce garçon poursuit son objectif en dit beaucoup sur son caractère. C'est en soi la description que fait son nom. Voilà pourquoi il est nécessaire de donner aux enfants des noms significatifs.

Enaëlle de son caractère et de son physique, est d'une étonnante beauté. Elle fait des ravages auprès de la gent masculine. Nonobstant son refus durant des mois, Maël n'avait jamais lâché d'un seul instant cette fille aux joues avec fossettes, amatrice de Novelas, la télésérie en vogue pour les jeunes filles qui en trouvent inspiration pour agrémenter leur relation amoureuse. Elle y passait plus de temps le soir après le souper. Outre les séries, elle est accroc aux textos, communément appelés SMS. Elle passait des journées à chater avec son petit ami, oubliant quelques fois de relire ses notes de cours. Peut-être, parce qu'elle n'a pas beaucoup de temps de sortie, une façon pour elle de se consoler !

À la fois douce, téméraire et autoritaire, Enaëlle attire toujours l'attention de son entourage. Cependant, grande manipulatrice, elle manie avec tact les diverses facettes de sa personnalité, chose qu'elle puise de sa classe sociale. Consciente de son charme et de sa beauté, elle a tendance à se surestimer surtout pour ses qualités intellectuelles plus élevées que celles de la majorité de jeunes filles de son âge. Pourtant, derrière cette grande estime de soi se cache un tendron aimant, qui en même temps dissimule ses sentiments. Tendre et compatissante, elle est prête à tout pour aider les autres, même avec son argent de poche. En cas de contrariété, Enaëlle peut néanmoins se montrer féroce et n'hésite pas à sortir ses griffes. Taciturne, elle cache derrière ce silence une peur outrancière des garçons, conseils inculqués par sa sœur et sa mère dès son jeune âge. Elle fait preuve d'une très grande détermination, et ne craint ni la difficulté ni l'adversité. La loyauté est l'une des caractéristiques de cette séductrice invétérée d'autant plus qu'elle n'a pas encore aimé un garçon avant Maël. Capricieuse, Enaëlle se bat avec hargne pour que son prétendant réponde à ses exigences peu importe leur nature. Malgré ce caractère, elle se montre extrêmement possessive, surtout à l'égard de ses proches à qui elle voue une probité inconditionnelle. En soi, elle aime de tout son cœur et comme on peut le dire clairement, elle sait aimer.

*****

II

Maël sortit de chez lui pour un rendez-vous avec Enaëlle. Ce fût un jour heureux pour lui. Le style d'éducation dans les grandes villes dépend de plusieurs facteurs. Il est en quelque sorte compliqué. Chaque famille développe sa manière d'éduquer et d'élever les enfants. La société moderne a, elle-même, érigé certaines barrières culturelles et sociales qui, en regardant de près la vie, ne laissent pas transparaître des valeurs de la solidarité africaine que l'on prône. Le style de vie que mènent plusieurs familles à Kamandolo est déjà une belle illustration de cet égocentrisme accru : parcelle clôturée avec longs mûrs et files barbelés, contact limité avec les voisins…

C'est dans cette atmosphère que la famille du banquier mène sa vie. Les sorties sont faites en famille. Du reste, l'on sort pour l'Eglise, l'école, l'hôpital ou autre. C'est dans cette ambiance qu'a grandi Enaëlle. La descendance de papa Nkwama a ainsi vécu durant plusieurs années dans la parcelle familiale qui se trouve dans l'un des quartiers huppés de la capitale. Enaëlle éprouve à foison des difficultés pour se rendre hors de la maison même quand elle atteint l'âge légal. Ce traitement est d'égale rigueur pour toutes les trois filles de la famille et leur cousine. Enaëlle, la fille du banquier doit à chaque fois protester d'un rencard. Elle doit pour sortir, contrôler tous les mouvements de ses parents et esquiver en trouvant une raison vraiment valable pour se libérer du carcan familial. Même étant en vacances, où l'on est libre, elle se sent toujours la petite fofolle qui doit rester à la maison, et pourtant elle est déjà à quelques pas de l'université.

Si ce n'est pas à son père qu'elle doit échapper, c'est plutôt sa mère qu'elle doit duper pour s'offrir un peu de temps à côté de son mec. Car, celui-ci n'est pas connu chez les Nkwama. Dans son effort de dupe et de stratagèmes, elle est prête à emballer sa daronne… « Maman, je me sens pas bien ! ». Voilà la formule magique pour attirer non seulement l'attention de sa tendre mère mais aussi sa compassion afin d'obtenir une permission sans obstruction. Devant une évidence pareille aucune âme sensible ne peut s'abstenir moins encore une femme qui a connu la douleur de l'enfantement et neuf mois des peines et des sacrifices. La famille bénéficie des soins de santé dans un hôpital haute classe, dans l'une des meilleurs communes de la ville. Cet hôpital travaille en partenariat avec la Banque où prête services le père.

Amorien, est l'une de belles communes que comporte la ville-capitale de Kamandolo. C'est la commune où sont installées plusieurs entreprises industrielles avec quelques belles résidences. Nombreuses de ces maisons sont des appartements pour les patrons de ces fabriques. Les frais de loyer sont quasi élevés que pour s'offrir une parcelle même vide, il faut un bon investissement. On y trouve également des supermarchés, des sièges des certaines institutions étatiques, des partis politiques, des terrasses et des restaurants, des maisons de télécommunications, des agences de voyage, des banques et guichets automatiques, des magasins... La commune est repartie en rues, allant de la 1ère à la 32ème qui ornent avec brillance la ville.

Enaëlle obtint la permission auprès de sa mère de se rendre à l'hôpital. Sachant que sa fille se rendait à l'hosto, cette dame de 47 ans appela déjà le médecin question de l'avertir de la venue d'Enaëlle. C'est chose qu'elle ne manqua surtout pas. Elle est toujours attentionnée et gentille envers ses enfants et son époux avec qui ils ont déjà plus de vingt-cinq ans de vie commune.

Enaëlle est sortie de la maison pour aller prendre le taxi afin de se rendre à la 2e rue industrielle où se trouve l'hôpital. Elle savait bel et bien que son rendez-vous avec le docteur, n'était qu'un simple alibi pour avoir un passage sans embûches. Elle avait un autre rencart avec son mec, un moment qu'elle aimait parce qu'elle se sentait toujours comblée au final. Une fois à l'hosto, elle ne mit pas beaucoup de temps sachant que ce n'était pas là son vrai centre d'intérêt. Terminée avec le docteur, elle devait du moins avoir la vertu de la patience. C'était question d'attendre les résultats du labo, parce qu'il y a toujours plus de monde dans nos centres médicaux. Pour se détendre rien de mieux que se trouver une bonne distraction au risque d'assister au défilé des patients qui circulent sur les couloirs de ce joli hôpital où les sœurs assurent encore la propreté. Au bout d'une heure et demie, pas grand-chose n'avait pu être diagnostiqué de ses résultats. Mais, dans certains centres de santé mal réputés, dont la corruption et autres antivaleurs ont élu domicile, peu importe le cas, qu'on soit malade ou pas, y a possibilité de soutirer quelques frais surtout quand ils savent que cet hôpital est en partenariat avec la Banque.

Comme l'a dit le docteur en acquiesçant un sourire d'où on pouvait apercevoir de sa bouche, un diastème qui séparait ses incisives : sois tranquille tu n'as rien de funeste ; juste quelques traumatismes qui sont passagers. Le docteur lui prescrit quelques produits pharmaceutiques pour pallier ces petits malaises et rassurer sa famille qui s'en faisait de trop.

Sortie de l'hôpital, Enaëlle devait se rendre au lieu du rencard pour retrouver Maël qui l'attendait depuis un quart d'heure. Bien avant qu'elle ne finisse d'avec le médecin son téléphone ne cessait de vibrer. À chaque fois entrait les messages de l'homme avec qui elle devait se voir. Le garçon était déjà au lieu du rencard et se faisait de plus en plus impatient vu le temps qu'elle avait mis pour y arriver. Il se faisait déjà tant d'idées dans sa caboche. Surtout qu'actuellement, avec l'avènement du téléphone, il est plus facile à une personne qui est loin de dire qu'il est déjà dans les parages. Et du coup, plusieurs marottes lui passaient déjà par la tête sachant que la fille qu'il attendait n'était pas une nana aussi facile en matière des rendez-vous avec les hommes. A chaque fois, il jetait un coup d'œil sur son iPhone pour voir s'il avait reçu un SMS. Le téléphone, bien qu'un objet utile pour la communication aujourd'hui, son usage chez ce jeune couple laissait à désirer. En ce temps-là, tous les autres SMS que pouvait recevoir Maël comptaient le moins, car en attente de ceux de la personne pour qui il pouvait arracher le soleil. Ils communiquaient pour se donner la position l'un de l'autre. C'était à la gonzesse de sprinter d'autant plus que le gars était déjà au lieu prenant sa bouteille de bière. Il avait communiqué à la fille le lieu de la rencontre, et celle-ci avait confirmé qu'elle se trouvait déjà très proche de l'endroit.

C'est donc dans un espace bien aéré où Maël, assis, était en train de prendre une bière bien tapée accompagnée d'un morceau savoureux de *ntaba*[1] pour se faire oublier tous les soucis de la crise financière, et de tous les stress de la vie. Cela vaut la peine ! Pour le club des jouisseurs, cela permet le développement tant physique que mental de l'humain. Maël avait bien étudié tous les paramètres et savait que ce lieu répondrait aux goûts de sa dulcinée, sachant qu'elle est une personne discrète qui préfère les endroits un peu isolés pour esquiver les regards mesquins des hommes.

L'heure vint et le téléphone de l'étudiant sonna. C'est fut un appel entrant de la belle Enaëlle. Tressaillant d'allégresse, tellement attendu, le garçon d'une vingtaine d'année, et qui après avoir répondu, se précipita à savoir où était arrivée la fille à l'autre bout du fil. Mais seulement que l'enthousiasme avec lequel il s'empressa pour décrocher son appel téléphonique laissa renverser la bouteille de bière posée sur la table. Heureusement pour lui, la plus grande partie avait déjà été consommée ; sinon ça serait du pèze jeté par la fenêtre. Pour le garçon, seul ce qu'il pouvait entendre de sa correspondante. A l'entendre, rien qu'au téléphone, la manière dont elle parlait, respirait laissait entrevoir en elle une fatigue et une faim de loup, chose qui motiva le mec à pouvoir être galant une fois qu'elle arriverait.

L'intuition de Maël avait fonctionné. À son arrivée, Enaëlle était épuisée, avec le temps qu'elle avait mis à l'hôpital à attendre les résultats du labo. Un soleil qui, presque au pinacle faisait mal et encore plus mal aux personnes qui ont des calvities comme le serveur qui venait remplacer la bouteille de Maël, autrefois tombée quand il eut décroché à l'appel de sa meuf. En fait, l'adolescente était debout devant le restaurant la Gazelle où se trouvait déjà le gars. Dans ses multiples réminiscences, le mec reconnait cet espace dont il a fait attendre voire planter plusieurs personnes dont la majorité sont femmes, alors que lui était encore très loin de là. Rire ! Ce n'est donc pas le cas pour Enaëlle. Quand il se lève de sa chaise et se dirige vers l'extérieur à l'endroit indiqué sur un texto de sa complice, il l'aperçoit au loin. D'ailleurs, Maël ne

---

[1] Morceau de viande de la chèvre

pouvait que l'apercevoir car, admirable fille qu'elle est, n'importe quel homme la remarquerait. Même ceux qui passaient en voitures ne cessaient de la fixer pour la nième fois avant de poursuivre leur chemin. Elle brillait dans un jeans moulant avec des baskets bleu et une chemise blanche de la marque Lauren Ralph laissant voir au-dessus de son buste gauche le dessin d'un cheval noir, comme une star de Hollywood. Femme d'à peu près 1m 65, taille imposante, elle n'est subséquemment pas facile à se laisser prendre par n'importe quel gars, à moins d'être un aguicheur professionnel avec licence 4 et brandir dans telle circonstance le charisme qu'elle recherche de la gent masculine. Chez elle le courage d'homme ne suffit pas pour conquérir son cœur, comme le rappelle toujours l'homme qui l'a conquis après tant de péripéties. En se dirigeant vers elle, ils se furent fait un doux baiser sur la bouche, comme ils en ont l'habitude, à chaque fois qu'ils se rencontrent. De fois, ils se le font aussi sur la joue comme pour toute personne chère.

Après cette embrassade, Enaëlle présenta ses excuses pour le retard, dû à l'attente des résultats à l'hosto et à l'absence du transport dans ce coin de la capitale. Le transport demande, certains jours à Kamandolo, de la patience, de la force pour embarquer et de la tolérance pour supporter certaines âneries qu'on y rencontre. Que dire, ce sont les réalités du pays au sud du Sahara. Malgré tout, le plus important est de se sentir en sécurité et de vivre en paix.

Comme il faisait chaud, Maël n'a surtout pas trainé devant le restaurant la Gazelle avec celle qu'il attendait. En ce moment, qui ne pouvait pas s'imaginer l'immense joie que ressentait ce garçon de voir se réaliser plus au moins un de ses rêves. C'est la joie analogique à celle d'un fan qui rencontre pour la première fois sa star préférée ou d'un chrétien qui voit se réaliser le rêve de sa vie. On comprend pourquoi, Maël était heureux et ne cessait d'esquisser un sourire à chaque seconde. Seuls ceux qui ont déjà aimé mieux, se sont déjà retrouvés en contextes pareils peuvent comprendre ce que ressentait ce bonhomme. La fille, de son côté, semblait aussi contente et à la fois un peu timide, par peur de ne surtout pas répondre positivement comme femme aux exigences masculines. En même temps, l'épouvante de se sentir toujours mal à chaque fois qu'elle était à deux yeux d'un homme. Néanmoins l'on peut dire que sa peur n'était pas finalement trop grande car du haut de ses 17 ans, elle a déjà entendu parler d'amour et que toutes les séries télévisées qu'elle suit ne sont pas demeurées sans effet.

Les quelques rencards nonobstant rares qu'elle commençait à avoir avec son mec la mettait de plus en plus en confiance et faisait disparaitre sa honte. Si d'un côté il y avait la joie pour l'un et l'autre de se retrouver ensemble ; de l'autre côté, il y avait la peur d'aborder un sujet considéré comme un tabou et la trouille, du fait n'est pas savoir par où commencer. Comme on dit, en l'homme il y a plus de courage, Maël n'hésita pas de demander à sa cavalière son goût devant la jolie dame du restaurant venue le leur demander.

De la voix aussi douce de la demoiselle, le gars ne pouvait que sourire parce qu'en ce temps, il cherchait à agencer ses idées de peur de se faire prendre pour un goguenard avéré et peut être plus pour un pédé, qui est une des tendances actuelles. Le mec connaissait bien le goût de sa cavalière. D'ailleurs comme plusieurs autres femmes, pour ne pas dire toutes, c'est la boisson sucrée qu'elles préfèrent. Chose que les gars, de leur côté adorent de fois. C'est un mode pour eux de rafler une provision sur leur fric à dépenser. Ce qui fait que quand Enaëlle fait la commande d'une maltina, son mec ne s'étonne pas trop. En plus de cette bouteille, l'étudiant lui aussi commanda une autre bouteille de bière.

Depuis longtemps la tendance mondaine nous fait croire que les femmes ont pouvoir de soutirer du pognon aux hommes. Toutefois, en regardant ce jeune couple, cela n'est pas le cas. Les perles rares sont encore faciles à trouver dans ce monde. Comme moi, j'en ai une, qui a tout ce qu'on recherche chez une femme, répète l'homme à ses amis. Maël dit à sa meuf de consulter le menu de ce restaurant dont les prix sont moins costauds. Enaëlle est l'une de ces filles qui ne préfèrent pas trop se livrer en spectacle en mangeant comme si dans leur vie c'était la première fois de dévorer un morceau au restaurant ou comme c'était le dernier de leur existence terrestre. Dans la plupart de cas, les plats que ingurgitent souvent ceux que le gars aurait amené à cet endroit sont le poulet, les frites, la banane plantain à la mayonnaise. Cela n'est pas trop étonnant car, juste à côté d'eux, il y avait un autre couple quasi jeune où la femme sans scrupule croquait le poulet rôti avec la chikangwe. Elle donnait l'impression d'un lion affamé qui a jeûné pendant une longue durée. La manière dont mangeait la fille d'à côté faisait penser que ces genres des mets dans leur maison, n'arrive pas tous les jours. Voilà pourquoi de nombreuses personnes ont développé des mécanismes avaricieux pour manger sur les frais des autres, même si elles n'entretiennent aucune relation amicale ou amoureuse soit-elle. Si facilement aujourd'hui on entend parler du phénomène *Muchina*[2]. C'est une réalité encore d'actualité qui fait rage dans la ville où habitent Maël et Enaëlle.

Enaëlle, se distingue dès lors par son savoir-être, son éducation, son habillement et son comportement. Au-devant d'elle, aucun homme n'est tenté de vociférer quelque parole que soit ou poser n'importe quel acte gossier. Elle se distingue des toutes les jeunes filles actuellement sont appelées *Ujana*[3], qui se distinguent d'une manière aussi déréglée que libidineuse. Un mode de vie qui n'inspire personne ni pour en parler, ni pour le valoriser, ni moins encore de faire objet d'une communication pour les générations futures. C'est une partie de la jeunesse qui a perdu son âme, son idéal de vie et l'avenir de la société en se livrant à ces grivoiseries. Ces jeunes portent atteinte non seulement à leur vie mais aussi à celle des pauvres mariés qui succombent à leurs pièges exécrables.

La demoiselle qui était partie chercher la boisson était de retour. Les serveuses sont toujours très gentilles. Elle n'a pas manqué à son travail, d'ouvrir et de les servir en mettant de la boisson dans les verres. Entre temps les deux protagonistes profitent

---

[2] Terme en lingala pour désigner une personne naïve qu'on utilise sciemment à son goût.
[3] Jeune en swahili mais, qui à Kinshasa, se dit des jeunes filles de moins de 22 ans qui se comportent de manière délibérée et perverse.

du bon moment pour se parler surtout avec le parfum des fleurs de Ngindu qu'ils inhalent.

— A votre santé, dit la serveuse.

— Merci, répondit les tourtereaux.

— Si vous avez besoin de quelque chose n'hésitez surtout pas, enchaîna-t-elle avant d'aller s'occuper des autres clients.

Une fois la demoiselle partie, les premiers mots de Maël furent ceux de savoir pourquoi Enaëlle ne se faisait pas trop active en matière de sorties. « Tu sais bien que je ne sors pas de chez moi, si je sors, suis avec mes sœurs sinon avec mes parents et là c'est généralement pour l'école, l'église » disait la meuf. En riant, elle poursuivait comme pour créer la galanterie et détendre son chéri; car l'humour est l'une des caractéristiques de cette fille bien élevée. Tu sais que pour ta meuf ce n'est pas toujours facile de se retrouver devant une personne de sexe opposé, quand surtout c'est un endroit où nous sommes seulement à deux.

C'est une personne qui a plus honte et qui surtout n'est pas trop habituée à affronter un public nonobstant ses activités de lectorat, qui d'ailleurs vont dans ce but. Elle ne regarde pas pendant longtemps une personne dans les yeux, soit attend que l'autre déplace sa face pour l'observer elle à son tour sans que les deux regards se croissent au même moment. Le gars au contraire, ne cessait de la fixer d'un regard amoureux. Pour elle, ce regard faisait peur parce que à chaque fois que l'homme l'observait, elle ne savait qu'éloigner son visage pour ne pas le rencontrer. Malgré les efforts de l'homme, de sortir sa petite amie de cette honte qu'éprouve tout adolescente, singulièrement celles qui ne sont pas engagées en amour ou qui sont pucelles.

Pour Maël, ce temps était considéré comme une opportunité dont il devait à tout prix en tirer profit pour parler à fond avec cette jeune fille qu'il a plus au téléphone qu'en pareilles circonstances. Mais son souci le plus ardent était celui de rapprocher la fille, pour s'habituer avec elle. Il sait que ce n'est pas facile du fait de l'étroite surveillance exercée sur son amie. Mais à chaque fois, elle doit tenter d'obtenir une sortie en compagnie de l'une de ses copines. Ne dit-on pas « qui ne risque rien n'a rien » ? Comme homme il avait intérêt à lutter afin d'organiser le temps et mener à bon port la relation qui était déjà sur de bons rails. Conquérir le cœur de l'autre n'est jamais facile. Toutefois, c'est un travail de chaque jour. C'est une tâche que chacun des conjoints est appelé à réaliser. Le couple Maël et Enaëlle étant amoureux l'un de l'autre, se disaient du moins comblé. Ils vivaient heureux cette complicité et chacun recevait en retour beaucoup de considération. L'amour se construit quotidiennement par de petits gestes, l'attention que l'on porte réciproquement et la disponibilité dont on fait preuve, en se mettant au centre l'intérêt de l'autre.

Mais cette rencontre entre les deux jeunes amants amplifie davantage la relation qu'ils entretiennent et les rapproche encore de plus. Elle ouvre un nouvel univers d'amour qui va jusqu'à l'intimité la plus profonde. C'est ici que le couple s'est fait de belles promesses dont chacun de sa part est tenu respecter et vivre pour l'harmonie commune. Sachant que l'amour est une grande école où l'on est appelé à s'améliorer au fil des jours, l'intégration est très capitale. Car, quand on y entre pas bien les conséquences ne trainent pas à se manifester tant pour la personne elle-même, sa famille que pour toute la société en général. Les manifestations de l'amour mal géré que craignent ces deux jeunes, sont les plus souvent les grossesses précoces et non désirées, les enfants abandonnés, les difficultés économiques. D'où, la peine de mûrir son choix et de prendre des décisions réfléchies, basées sur une connaissance suffisante de la personne avec qui l'on veut s'engager pour toute la vie. C'est la chose qu'Enaëlle faisait pour s'assurer de Maël, son homme.

Au bout d'un bon temps passé ensemble, l'un penché sur l'épaule de l'autre les deux tourterelles devaient se séparer. Qui ne pouvait laisser transparaitre sur son visage l'éclat de joie et de bonheur vécu ensemble ! Malgré le soleil de la saison sèche de Kamandolo qui, de fois, dérange par sa chaleur, les deux amoureux ne s'en rendaient même pas compte et pouvaient librement vadrouiller sans s'ennuyer, pas même du transport à prendre pour retourner à la maison.

De son côté, la maman de Enaëlle s'impatientait, elle, de voir revenir très vite sa fille tant chérie. Elle n'était pas au courant de la sortie de sa poupette et croyait qu'elle était encore à l'hôpital. Du coup, elle n'hésita pas à sortir de sa trousse son Samsung note 7, pour composer le numéro de sa fille. Elle n'avait pas besoin de chercher son numéro parce qu'il s'affichait déjà dans les favoris. Elle voyait les noms des personnes récemment fréquentées. Ainsi, pour une femme mariée des années peu après l'indépendance, ses favoris sont généralement son mari, ses enfants, sa famille et peut-être ses amies. C'est le constat fait chez maman Luciana.

— Allô ma puce, alors ça va ? … tu es toujours chez le médecin ?

— Si maman, mais t'inquiète suis déjà à la fin j'attendais juste les résultats du labo qui m'ont pris du temps.

Dans certaines situations, il arrive que l'on trompe quand on sait surtout que cela nous profite. Enaëlle s'est faite, elle aussi, élève de cette école en dupant sans aucune vergogne sa maman. C'est malgré elle que ce mensonge s'est installé et qui lui a permis de briser les règles traditionalistes de sa famille. Plutard, elle aura des remords tous les moments qu'elle pensera à cet acte posé durant cette journée. L'amour rend quelque fois aveugle jusqu'à faire perdre la raison, lorsque l'on ne sait bien assumer sa part de responsabilités. Et aussi, quand on veut prouver à l'autre qu'il vaut plus que l'or du monde, alors qu'on est régi par certaines règles qui doivent être respectées. Voilà l'intérêt de faire la part des choses dans nos choix vitaux et savoir s'adapter aux circonstances. Celle-ci est pratiquement l'unique chose qu'avait manqué Enaëlle, ne pas savoir reconnaitre son état de mineure, c'est-à-dire, de la dépendance vis-à-vis de sa famille qui avait un œil de surveillance plus grand sur elle.

Elle filait le parfait amour mais celui-ci n'était pas connu de chez elle. A chaque fois qu'elle pensait, il le voyait s'envoler comme une fumée. Et pourtant, cette rencontre qu'elle venait d'avoir avec celui qu'elle considère père de ses trois futurs enfants, allumait d'avantage la flamme d'amour entre eux. Cette rencontre enlevait tout obstacle pouvant obstruer leur bel avenir ensemble. Si seulement l'on pouvait connaitre l'avenir, personne ne souffrirait parce qu'on se préparerait mieux afin de braver toute épreuve possible. Mais bah ! Ça, c'est le rôle de Dieu. Pour les hommes cela reste une vraie charade.

La compagnie est toujours importante, car elle nous fait traverser les moments les plus creux de notre vie. Epicure ne se serait pas trompé lorsqu'il disait "ce n'est pas tant l'intervention de nos amis qui nous aide, mais le fait de savoir que nous pourrons toujours compter sur eux." Quand on veut aller loin dans la vie, il faut aller avec les autres. Par contre, lorsqu'on veut aller lentement, mieux vaut aller seul.

Après avoir fini au restaurant où ils étaient et ont passé plus de temps possible, les deux jeunes se promenaient au bord de la route. Ils ne se rendaient pas compte de la distance qu'ils parcouraient, parce qu'emportés par le vent d'un amour qui évolue à son aise.

C'est à peine qu'ils se retrouvent très loin de l'endroit où ils sont partis ; tandis que ce sont des routes que généralement, ni l'un ni l'autre ne passe à pied. C'est là où s'installe en profondeur le désir de se retrouver à deux pour partager ces moments très précieux de la vie. Enaëlle pour sa part, se sent de plus en plus amoureuse de ce jeune dont elle a mis du temps à connaitre dans le groupe lectorat de sa paroisse.

L'amour en soi a besoin du temps pour mûrir. Elle commence à croire de plus en plus à l'éloquence de ce gars dont les paroles sont si faciles à être exprimées. Et comme on le dit, on tombe toujours sous le charme de quelque chose. Si les uns voient les biens matériels, les autres par contre, s'emballent suite à un caractère et peut être moins même. Comme l'aurait dit quelqu'un, les bons dragueurs sont ceux qui ont un patois facile. Ceux qui savent manier le verbe, qui ont une bonne éloquence…Il renchérit en disant, ceux qui peuvent conquérir les femmes sont les bons speakeurs. Pour lui, conquérir la femme se réduisait juste au parler car, toutes les femmes étaient identiques. Les femmes se plaisent entendre des beaux poèmes que leur racontent les hommes !

Tout au long du chemin, Maël ne cessait de raconter des histoires très attrayantes qui sans cesse faisaient rire aux éclats sa compagne. Elle les trouvait très divertissantes et était en même temps contente de rester à ses côtés pour son humour. Cette compagnie constitue pour elle un bon départ aux pays des merveilles avec la jeune demoiselle qui commençait à prendre certains risques qui allaient à l'encontre de sa famille. Mais il faut reconnaitre que l'amour est une grande école qui nécessite beaucoup de temps afin de mieux s'imprégner.

Voilà pourquoi le temps d'observation vaut toujours la peine dans le but de permettre à chacun de mieux connaitre l'autre avec qui, l'on veut s'engager pour le reste de sa vie. Les filles semblent toujours avoir besoin de plus de temps que les gars. Pendant qu'Enaëlle le fait en mettant plus des mois sans qu'elle ne prouve matériellement si elle aimait Maël. Le garçon par contre, s'impatiente comme une personne au guichet, attendant sa paie. Néanmoins, les impressions sont celles de deux cœurs qui s'aiment pour du vrai mais qui cachent encore leur enthousiasme pour éviter les soupçons familiaux.

Ils sont très heureux après une journée aussi géniale que celle-ci. Ils savent qu'il y a belle lurette qu'ils ont vécu de tels moments. Du côté de la fille, c'est une belle conversation WhatsApp le soir avec ses copines; surtout que cette génération fait chair aux réseaux sociaux. Mieux que nos parents, les jeunes ne se passent pas de Net work, ils en font une des meilleures de leurs compagnies. On peut comprendre alors pourquoi ils peuvent y passer tout leur temps laissant en marge toutes les autres activités. Une des activités smart est la prise des photos (selfies) très en vogue et qui ne laissent pratiquement personne indifférente, même pas les grandes personnalités qui s'y retrouvent accrochées aux écrans de leur smartphones.

Arrivés à l'arrêt, ils devaient se séparer parce qu'il sonnait 18h 37'et la maman de la fille s'impatientait de voir sa petite puce, sortie de la maison depuis le matin pour l'hôpital. Son envie était de retourner chez elle et savoir ce qu'avait dit le médecin. C'est le souci de toute mère qui prouve combien l'amour maternel est important dans la vie de chaque enfant. De fois, les enfants ne comprennent pas toujours ce souci majeur qui habite nos mères. Tel est le cas d'Enaëlle qui passe du temps à écouter les adulations du garçon qu'elle ne veut plus quitter du regard. L'homme se saisit de la situation pour montrer son côté aguicheur et attrape au piège en la retenant suspendue à ses yeux. Plus la causerie se prolongeait plus le temps filait toujours à la vitesse de croisière ; les amoureux, eux, ne s'en apercevaient pas. Et cette fois-là, c'est le téléphone d'Enaëlle qui les aida à se ressaisir lorsqu'il sonna. A l'autre bout du fil, était sa mère qui appelait.

— Allô maman !
— Où es-tu ma fille, jusqu'alors ?
— Suis déjà au marché, j'arrive bientôt !

C'est donc cet appel brusque qui va interrompre les deux jeunes étreints d'amour dont le temps ne joue plus à leurs yeux. Alors que la maman se coupait en morceaux et mourait d'inquiétude de la voir à la maison, elle s'occupait d'enchaîner la causerie avec son amant.

— Tu sais bien qu'il fait déjà 18h, tu ne dois pas être hors de la maison,
— Si, je le sais, j'ai connu un petit retard dans le transport
— Fais vite !
— D'accord maman. A bientôt !

L'appel de la maman ne devait que mettre fin à la discussion à l'arrêt entre les deux béguins. Dans ce cas, il n'y a pas vraiment beaucoup d'inquiétude parce qu'il y a le toupet que le soir ils continueront sur WhatsApp ou simplement sur SMS. C'est quasiment ce qu'ils font chaque soir après le souper où ils vont de fois jusqu'à des heures tardives. Plusieurs autres jeunes sont concernés à telle enseigne que bon nombre d'entre eux n'arrivent même plus à revoir leurs notes de cours, parce qu'emportés par l'usage excessif du téléphone.

Le temps de séparation entre deux personnes qui s'aiment semble le plus difficile à gérer, c'est ce qui se vit entre Maël et Enaëlle. Mais pas de choix, le couple doit arriver à se quitter parce que l'obscurité avait déjà élu domicile et l'appel retentissant de maman Luciana en valait son pesant d'or.

— Bah, alors on se dit quoi, demande Maël.

— Je t'aime !

— Merci, moi aussi je t'aime.

— Merci, bisous !

— A très bientôt !

Après un baiser, ils se séparèrent et chacun emprunta la route de chez lui. La maison d'Enaëlle est non loin du lieu où ils se trouvaient. Elle n'avait donc juste besoin que de quelques minutes pour y arriver. Alors que celle de son mec était à presque un kilomètre de là, il devait marcher un peu. Il n'avait cependant pas besoin de prendre un transport pour s'y rendre. En partant, le souhait de chacun était de vite se trouver chez soi à la dar, pour se connecter et continuer le sujet.

Arrivée à la maison vers 19h dépassée de 2', Enaëlle sut soudainement que l'attitude de sa tendre mère n'était pas ce qu'elle souhaite. Elle ne fut notamment pas très contente de l'heure à laquelle sa fille était rentrée. Peut-être que la maman ne se rendait pas encore compte que sa petite fille d'autre fois était en 6e année des humanités, traversait la période troublante d'adolescence et plus encore n'envisageait pas qu'elle puisse avoir un homme dans sa vie. Elle n'a pas su qu'elle se serait déjà pongé dans la vie amoureuse. Chez la maman, c'est plus la confiance qui la faisait croire en cela, car elle disait toujours à sa fille que les hommes ne cherchaient chez une femme que son sexe et une fois qu'ils l'obtenaient, ils s'en allaient. D'où, conseillait-elle sa nounouche d'être prudente et de mettre beaucoup de temps avant de s'engager dans une relation amoureuse.

Enaëlle de sa part, se trouvait face à une expérience tout à fait divergente de ce que lui racontait à maintes reprises sa mère par rapport aux garçons, lui ayant inculqué l'idée de voir en eux que des simples prédateurs. Il est vrai que cette idée avait façonné la fille, mais la meilleure façon de l'aider serait de lui faire comprendre les choses avant qu'elle ne les découvre seule auprès de ses copines qui en parlaient sans scrupule en classe ou carrément sur internet dont elle avait un accès régulier et facile. C'est là aussi la responsabilité des parents face à leurs enfants. Une des tâches qui demeure souvent oubliée est de briser les tabous autour de la sexualité. Cela permet de les aider à bien grandir dans un monde où le risque serait de le découvrir très vite d'eux-mêmes, dans les conditions parfois inadaptées.

Cela faisait belle lurette qu'Enaëlle flirtait avec Maël, sans apercevoir un jour en ce gentil homme cette intention malsaine qu'avait toujours clamé haut et fort sa maman. Voilà le paradoxe qui, dans plusieurs familles frise le lien et la confiance entre géniteurs et leurs progénitures. La patronne de la famille Nkwama avait raison de s'étonner de l'attitude de celle dont elle avait porté la grossesse pendant neuf mois. Parce que les impressions que cette dernière donnait au foyer pouvaient en aucun cas laisser penser à cette hypothèse.

En soi, Enaëlle est une fille exemplaire qui, si elle n'est pas à la maison, elle est au collège sinon à la paroisse. Elle passait son temps à la maison pour lire, revoir ses notes et faire ses devoirs à domicile. Sachant surtout que la 6e année des humanités est trop exigeante dans son pays. Elle se termine par un examen costaud basé pratiquement sur toutes les matières vues lors du parcours scolaire qui n'est pas de moins de 10 ans. Aussi, l'éducation de la famille ne lui permettait pas trop de passer du temps hors de chez soi. Chose qui sera prolongée par le rythme de l'horaire du collège Les Ecoliers où elle se rendait déjà très tôt vers 7h pour ne terminer qu'après 16h et retourner à la maison épuisée, se reposer et reprendre le jour suivant.

Ce style de vie ne peut que favoriser la conduite d'une fille qui n'a pas de vie amoureuse active. Dans le cas contraire, soit elle se donne principalement à ses études et moins à son mec, soit vice versa. Ce n'est pas sans conséquences désastreuses ! Le début de l'amour rend dingue, et fait perdre la raison. Il faut dire que par amour,

Enaëlle commençait à perdre quelques-uns de ses principes. Elle se sentait prête à tout pour son homme. C'est à ce stade que l'hymne à l'amour de saint Paul trouve son sens plénier : ''L'amour prend patience; l'amour rend service; l'amour ne jalouse pas; il ne se vante pas, ne se gonfle pas d'orgueil; il ne fait rien de malhonnête; il ne cherche pas son intérêt; il ne s'emporte pas; il n'entretient pas de rancune; il ne se réjouit pas de ce qui est mal, mais il trouve sa joie dans ce qui est vrai; il supporte tout, il fait confiance en tout, il espère tout, il endure tout''.

Elle avait des principes très forts, la meuf de Maël. Ne pas connaitre d'homme avant mieux hors du mariage en était une belle illustration. Elle l'utilisait très souvent comme un mécanisme de refus et de défense à chaque fois qu'elle se sentait collationnée par un garçon, astuce qui finit par devenir pour elle une arme fatale contre toute attaque de drague masculine. Cependant avec Maël, ce principe onéreux allait tomber sans beaucoup de peines. Dire adieu au dépucelage n'outrageait pas pourtant Enaëlle. Ce qui importait à ses yeux, était de vivre heureuse avec son mec sachant que sa famille pouvait un jour ou l'autre ramer à contre-courant de leur choix de vivre ensemble. Cela n'était vraiment pas une préoccupation pour les amants.

Le souci majeur de toute une mère fière de l'être est de voir et partager le bonheur des fruits de ses entrailles. La motivation de maman Luciana pour Enaëlle, sa fille, après une journée de visite chez le médecin était également cet engagement méticuleux qu'elle assumait sans failles dans son foyer jusque-là. Après l'avoir laissé se reposer, pris une douche fraiche au crépuscule de cette journée diligente, en même temps heureuse de sa retrouvaille porteuse de joie avec son mec ; sa maman avait tout assuré pour rendre sa fille heureuse. Plus tard dans la soirée après le souper, elle chercha à s'entretenir pour savoir la suite du médecin.

— Qu'est-ce que le médecin a dit, demanda la maman à sa fille
— Il m'a fait passer des examens et a dit c'est juste des surmenages ;

— Surmenage ! ya nini[4] ?

— Les études maman, bientôt l'Exetat

— Il t'a prescrit les médicaments ?

— Oui, il m'a aussi demandée de beaucoup me reposer.

— Tu as intérêt. Vas dormir alors, bon sommeil mon poussin.

— Merci maman.

Le souhait d'une maman en soi déjà doux, s'accompagne d'un baiser tendre à ses enfants. C'était l'habitude de cette mère de 42 ans qui soignait avec amour, tendresse et affection sa famille. C'est elle, généralement, qui se préoccupait de plus du soin des enfants. Papa fatigué à cause du travail a juste besoin de suivre son journal du soir ou bien parler avec sa dulcinée. C'est pourquoi, il est rare qu'il s'intéresse des choses de ce genre sauf le week-end où il va au resto avec toute sa famille, question de garder sa proximité pour ses enfants. Néanmoins, ce soir il n'avait pas oublié de demander à sa fille chérie comment s'était passée sa visite chez le médecin. C'est bien lui qui l'aurait laissée en voiture à l'hosto avant d'aller en ville à son lieu de travail. Le retard de cette dernière ne lui permit donc pas de l'accompagner.

Le souci paternel est toujours présent et se manifeste par la manière dont papa traite Enaëlle et ses autres frères. Il s'est toujours montré très agréable envers eux, c'est de ce fait qu'ils profitent pour lui soutirer des sous parce que chez leur mère ce n'est pas une tâche facile. Le choix de leurs écoles, leurs vêtements, téléphones de dernière marque et tous leurs petits besoins est réalisé par papa Nkwama. Il veille mieux à ce qu'ils ne manquent de rien. Ainsi, ils n'ont pas le temps d'aller vadrouiller ni mendier ailleurs. Enaëlle, elle, est une *fille à papa* comme on le dit. Elle était devenue trop capricieuse suite au traitement cajoleur de son père, lui donnant même la place de la cadette, alors qu'elle ne l'est pas. Elle ne manquait pratiquement de rien, pas seulement parce que le père bossait à la banque mais parce qu'elle est la bien

[4] Parole lingala qui signifie de quoi

aimée de celui-ci. Juste que ce jour-là, quand était entré la fille papa ne s'était pas soucié, car suivant son journal à la télé et il avait l'assurance de le savoir le jour après.

— Mais pourquoi tu as pris trop de temps ainsi, qu'est-ce qui s'est passé, demandait la mère.

— Il y avait du monde maman. Et en plus, je devais attendre le résultat des examens

— Jusqu'à cette heure l ? T'es rentrée tard hier vers 20h si je me trompe pas.

— Quand j'ai fini à l'hôpital, je devais voir un ami vers Limete

— Ah bon !pourquoi tu n'avais pas signalé

— Au fait, ce n'était pas sur mon programme vraiment papa.

— Ah bon ! c'est depuis quand que tu commences à fréquenter les garçons sans que nous le sachions ? Qui est ce garçon ?

— C'est Maël, il est juste un ami…

— Qui est –il ?

— Il est étudiant à l'Université Catholique du Congo de la capitale.

— Quel âge a-t-il ?

— 22 ans.

— Silence…

— C'est-à-dire que vous vous voyez déjà depuis longtemps ?

— Non papa

— Ça fait combien de temps que vous vous fréquentez ?

— Bah… je crois cinq mois hein

— En tout cas, et ta maman le sait ?

— Elle ne sait pas papa. C'est un ami, et je ne sais pas où vous voulez en venir ?

— Est-ce que tu mesures tous les risques possibles de cette relation qui me parait louche sachant que t'es encore une bambine et que t'as à peine 17 ans !

— Si, je le sais papa. Mais il n'y a rien entre nous ; nous ne faisons rien de grave avec lui.

— Ouf …

— On en parlera plus tard. Je dois aller au boulot.

Il faut imaginer la réaction d'une petite fille qui, généralement, n'aborde pas de tels sujets avec son père, mais doit l'affronter dans un débat crucial. Elle devait tout faire mais sans laisser exploser la vérité lorsqu'elle connait la réaction des siens. En Afrique, ces questions demeurent presque taboues. Les parents n'en parlent pas trop avec leurs enfants ; encore moins entre un père et sa fille. Dans la minorité de cas, ce sont les mamans qui les affrontent avec leurs filles.

Cette embrouille entre Enaëlle et son père est passée sans que la mère le sache. Chez la fille du banquier cette altercation avec son papa est loin d'engendrer un problème pour son couple. Chez le boss de la famille Nkwama, cela est un danger éminent pour sa cuirassée ; il y a donc intérêt de savoir de plus sur ce garçon.

*****

III

Diane, est la sœur ainée d'Enaëlle. Comme sa sœur, elle est héritière d'une beauté sans pareille ni effets. Agée de 23 ans, elle est étudiante en journalisme dans une université de la place. Cette université est l'une des meilleures réputées en matière de communication et journalisme. Il est sans oublier que les nouvelles sciences très en vague de nos jours, n'épargnent pas des jeunes dans le choix des études à entreprendre une fois les humanités terminées. Dans ce choix, chouchou de nombreux de jeunes du pays, il y a cette université, à cause de sa formation et de la rigueur et de sa discipline. C'est ici qu'a passé jusque-là quatre ans, Diane la sœur d'Enaëlle. Elle est actuellement en première année de licence, ne lui reste qu'une année pour voir terminer ses études et se lancer à la recherche du travail, qui demeure un vrai challenge dans ce grand pays de l'Afrique Centrale.

A cet niveau, plusieurs filles cherchent déjà à structurer leur vie amoureuse en devenant fiancées, sinon prendre une allure plus sérieuse avec leurs copains, par peur de se marier plus grandes comme elles en ont l'habitude de dire ''l'âge avance''. Mais cette jeune fille de 23 ans ne fait pas montre apparemment de son âgé dissimulé par sa petite taille qui lui fait même perdre son droit de lignage en face de sa sœur, si on s'en tenait vraiment à ce facteur.

Outre sa taille, pourtant bien proportionnée à sa masse peu imposante, Diane est une fille exceptionnelle. D'un visage ovale et d'un teint noir d'ébène, ses joues joufflues et dorées laissent voir facilement ses petites fossettes qui constituent un élément de plus de sa beauté mythique et angélique. A la rencontre de ses beaux yeux blancs, toute personne en colère est capable de s'apaiser et de retrouver ses humeurs habituelles. Elle a un regard très sympathique qui s'enchaîne même dans toute sa vie tant à la maison, au quartier qu'à l'université. Front rond, petit menton lui vont bien et font de sa face une fille très attirante. Pour les hommes qui s'en tiennent au physique des femmes avant de s'engager, Diane en est un modèle. Sa petite bouche et ses lèvres souvent décorées en rose et tracées d'un crayon noir invitent malheureusement quiconque la regarde à s'intéresser à elle. Ses oreilles, cependant, sont plus grandes de taille, ce qui lui permet de toujours se coiffer de façon à ne pas trop les exposer. Il est difficile voire impossible d'imaginer Diane sans frange.

La belle voix de la sœur d'Enaëlle ne laisse personne indiffèrent à son écoute ; mélodieuse, elle ressemble à celle d'un bébé. Quand elle commence à parler sans l'avoir vue, une voix eurythmique qui ne lui prêterait même pas 23 ans. Toujours bien habillée, disposition mesurée pour une fille de son rang social nanti et de sa promotion académique mieux encore de la fréquentation du centre-ville qu'elle parcourt chaque jour durant son séjour académique. De son maquillage très léger, l'on a l'impression qu'elle ne se déguise pas comme les font les autres kinoises.

D'un caractère plus hospitalier et gentil, elle est toujours convoitée par ses copines qui trouvent en elle une personne sociale et généreuse. Elle semble toujours prête à tendre sa main à qui manque même ceux qu'elle ne connait pas. Ceux qui demandent conseil à Diane rentrent satisfaits parce qu'elle en prodigue de très bons. Loquace, ce qualificatif ne l'empêche pas d'être très scrupuleuse et correcte en ses actes. Elle se comporte de façon à ne pas blesser ses interlocuteurs et ses amies. C'est un bel exemple dans le quartier et dans la chorale française dont elle est choriste à la voix ténor. La loyauté est aussi une de ses qualités, ce qui fait qu'elle ne garde pas pour longtemps un mec à ses côtés, surtout ceux réputés en simagrée.

Un de ses défauts majeurs est le manque de ténacité. Elle est très fragile d'où, à chaque occasion qu'elle est contrariée, elle a besoin d'encouragement sinon il y a risque de la voir déprimer facilement. Elle se perd facilement, se culpabilise pour si de petites choses parce qu'elle recherche la perfection alors que le monde ne peut la lui donner. Mais au-delà de tout, elle ne perd pas son sens d'humour. Jeune journaliste, elle est toujours souriante. Sa patience immense et sa sagesse font d'elle une meilleure pour sa famille. Son entourage qui l'apprécie pour ses qualités, sa forte personnalité et le respect qu'elle accorde aux autres, fait d'elle une personne que tout le monde souhaiterait s'attacher.

Actuellement l'université n'est plus seulement ce lieu privilégié d'apprentissage des connaissances mais aussi un labyrinthe où les pauvres filles, qui viennent innocentes, en sortent délinquantes et dépravées. C'est dans cet environnement malsain que Diane s'est retrouvée et d'où elle en est à sa quatrième année. Pour certaines filles, c'est une occasion de séduire les professeurs afin de gagner leur confiance et sortir gagnantes soit, en sortant avec eux soit gagner des avantages matériels. S'acheter des beaux habits, des iPhones est de nos jours à la mode dans plusieurs universités du pays au centre de l'Afrique. Dans cette ambiance, il faut imaginer une fille de forte personnalité qui résiste à cette tentation pendant quatre ans. Elle ne lui manquera pas de se laisser faire sur quelques points, disons, antivaleurs même si à la maison, elle s'inspire encore du modèle géniteurs-coloniaux. Diane s'est au bout de son parcours académique transformer à force de rester à cote de ces filles de peu de morale.

****

IV

A Kamandolo, comme dans beaucoup d'autres pays, les rendez-vous amoureux les plus galants s'organisent dans les restaurants huppés. C'est un moyen pour les gars de montrer leur capacité de s'assumer devant les gonzesses. Pour donner espace et croissance à leur amour, le jeune couple se voyait régulièrement peu importe les contraintes liées au temps ou aux occupations. A cette tâche Maël ne manquait pas d'amener la fille qu'il voyait dans ses rêves et au nom de qui, il pouvait jurer depuis un moment. C'est cela la flamme de l'amour surtout lorsqu'il devient plus fort qu'avant.

Le rendez-vous était fixé à l'Italiana, ce restaurant qui fait croire qu'on était au pays des pasta[5] et de pizza. Mais par contre l'on se trouve au quartier résidentiel de la commune de Amorien, l'un des quartiers les plus attrayants de l'immense capitale de Kamandolo. Le rencard fixé, ils devraient se voir avant et faire route ensemble pour aller au resto comme font tous les amoureux. Le couple avait déjà les allures bien complices qui n'envisageaient pas une certaine séparation. Mais si, seulement on pouvait savoir l'avenir personne ne s'engagerait dans une situation où il y irait dans une impasse, dans une direction sans issue. Mais pour ces deux jeunes, leur amour est vrai et il n'y a aucune contrainte pouvant les conduire à la séparation. Ils se font confiance, espèrent se marier un jour et aller au Kenya où ils vivront avec leurs trois futurs enfants.

Pour être sûr que sa meuf était prête, le garçon essaya de lui envoyer un sms :

— Heoh, bae ça va, dit Maël

— Oui et toi ?

— Je vais bien, t'es où maintenant ? déjà en route je crois ?

— Encore à la maison. Rire…

— Euh, les femmes encore à la maison ?

— T'inquiète, j'arrive bientôt.

---

[5] Les pâtes, en italien.

— Combien de temps dois-je te donner ?

— Euh, euh… disons …10 minutes

— Hum, là je vois que tu es même pas encore prête

— Non même pas, bon fais vite je t'attends alors.

— D'accord.

Les 10 minutes se sont vites épuisées ; Mais où serait la fille qui prétendait déjà être là ? Ça c'est le côté magique des femmes qui, lorsqu'elles disent être prêtes, c'est le moment pour elles de commencer le maquillage et autres accessoires. Maël connaissant sa copine savait que celle-ci n'était pas consente en ce moment et qu'il lui fallait de la patience comme toujours en attendant qu'elle n'arrive. Il savait également que le mensonge, au 21e siècle, était conçu comme un argument prépondérant pour justifier son retard, surtout dans une ville où l'on est souvent pris dans des bouchons et embouteillages à n'en pas finir. C'est une évocation de poids ayant valeur d'excuse pour ceux dont les motos deviennent un moyen de secours sans aucun risque sur la vie. Durant tout ce temps, le pauvre gars qui attendait avait encore les nerfs en place, c'est l'attitude de tout gars qui attend une princesse avec patience.

Maël en eut pour son compte après une vingtaine de minutes sous soleil. Son invitée n'arrivant pas, s'en alla au lieu du rendez-vous. Quand il arriva, la première chose à faire fut de se revigorer avec une boisson fraiche. Ainsi, devant une bouteille de sprite, il savourait le goût de la vie en attendant qu'arrive son hôte de marque. Il profitait au même moment du beau décor dont ce restaurant a toujours fait preuve, aux allures transalpines. D'ailleurs il est typiquement italien dès par son nom et sa diversité alimentaire qui fait de son menu, un des meilleurs du centre commercial de Amorien.

Les jeunes actuels experts de la nomophobie, ne se passent pas une minute sans remuer leurs phones. Pendant qu'il sirotait sa bouteille de sprite, Maël ne manqua pas de s'enquérir de la position de celle qu'il attendait. Il sonnait précisément 11h 37' lorsque de l'autre bout de son quartier, un SMS faisait vibrer le phone d'Enaëlle :

— Coucou ! lança l'homme.

— Oui, t'es là ? répondit la meuf.

— Si, t'es où maintenant ?

— A l'échangeur.

— Jusqu'alors ?

— Oui, t'inquiète dans peu de temps je suis là.

— Cela fait longtemps que suis arrivé ici. Imagine le temps que j'ai mis depuis de ma commune jusqu'ici et tu n'es toujours pas arrivée. C'est toi qui es venue en retard et tu voudras repartir la première ! Aujourd'hui on va rester jusqu'au soir… Rire.

— Mort de rire ! c'est ton problème avec mes parents, surtout qu'ils ne te connaissent même pas. Mais je serai avec toi mon chéri jusqu'à…

— Jusqu'à ?

— On verra seulement, pour vu que je rentre à temps à la maison.

— Si le temps nous permet, nous pourrons faire un tour à la 1ere rue ?

— Hein, quoi faire ?

— Juste un tour.

— Parfait !

Pendant qu'ils parlaient, Maël lui s'ennuyait de plus en plus de ne pas savoir où se trouvait sa copine. Il n'admettait pas qu'elle ne puisse depuis ce temps arriver à la 7e rue. Il croyait pour vrai l'hypothèse qu'elle se trouvait très loin mais qu'elle ne voulait pas le lui faire connaitre au risque de l'énerver au cas où elle serait plus loin.

La conception de l'amour qui supporte tout faisait surface aux yeux de Maël, une valeur à sauver et à intégrer au sein de son couple encore jeune et exposé à toute fragilité possible. Le plus important pour lui était de consolider à tout prix sa prochaine union. Le gars était bien conscient que la fille avec qui il flirtait est toujours convoitée par tant d'autres hommes qui, de fois, méritent mieux que lui. Il avait la certitude et la sécurité parce que pour Enaëlle, l'homme de sa vie n'était plus à chercher, il était déjà connu : Maël.

— Je ne veux pas rentrer tard comme l'autre fois, tu sais ?

— Non, on ne prendra pas beaucoup de temps.

— Bon, voyons.

— Sinon, t'es où déjà là ?

— A quelques mètres

— 10e rue

— Bien, si tu arrives à l'arrêt de bus fais-moi signe.

— D'accord !

De la 10e rue à la 7e c'est plus au moins 5 minutes pour qui marche à pied et une à deux minutes pour une voiture. Quand on attend une personne importante l'on est très impatient. A chaque fois que sonne le téléphone, on se sent porté à voir si ce n'est la personne qu'on attend.

Avant d'arriver, assise à côté d'un jeune swagg, Enaëlle n'a pas échappé au coup d'œil du beau gosse qui après avoir introduit une petite conversation n'a pas manqué à lui demander son numéro de téléphone.

— Salut

— Comment tu vas ?

— Bien merci !

— Comment tu t'appelles ?

— Et pourquoi toutes ces questions ? On se connait ?

— Non, mais ce n'est pas mal si on se connaissait !

— Non désolé !

— Bah, du moins dis-moi ton nom.

— Pour faire ?

— Juste savoir

— Et après ?

— Bah, après c'est tout

— Ok, je m'appelle Enaëlle

— Moi, c'est Brayan.

— …. Qu'est-ce que ça te ferait si tu me passes ton numéro de téléphone ?

— Mais non, pourquoi ?

— Pour qu'on continue de causer après ici.

— Non, désolé ; je ne donne pas aux inconnus mon numéro.

— Ah !

— Euh oui, c'est comme ça !

— D'accord.

— Voilà quand on parle du diable, on voit sa queue. C'est mon petit ami qui écrit. Chauffeur, je descends ici.

— Au revoir !

— Au revoir !

...Driiiiing, c'est le son du phone de Maël qui vibrait sur la table où il était posté. Sans réaliser un moindre effort de le prendre, il apercevait sur l'écran de son iPhone le contenu de son message et au moindre clic y répondre.

— T'es là ?

— Oui, t'es arrivée ?

— Oui, à la passerelle ?

— Oui

— D'accord, j'arrive te chercher.

— Ok !

— Je t'ai vue

— Moi non, rire...

— Waouh, que t'es merveilleuse !

— Merci

Malgré le retard patent de sa copine, Maël avait bonne mine et ne voulait néanmoins pas louper cette opportunité de temps qu'il devait partager avec l'amour de sa vie. Il comprenait bien que les caprices, des moyens de transports dans sa ville font gaspiller du temps à quiconque ne prend des dispositions pour se déplacer à temps. A peine qu'ils s'étaient rencontrés, Enaëlle, sourire aux lèvres, lui raconta la petite conversation qu'elle eut avec Brayan assis à côté d'elle dans le bus qui la côtoyait et fini par demander son numéro de téléphone. En jouant à la bouffonnerie, elle disait à son amant ‘‘tu sais que t’as voulu me perdre en me laissant venir seule. Pourquoi les hommes ne voient jamais une fille sans lui faire la cour? Apres avoir ri à s’en décrocher la mâchoire, elle continua, vous dérangez tout ce qui bouge autour de vous… heureusement que je t’ai déjà dans ma vie, tu me suffis toi. Je t’aime Maël.’’

Le *je t’aime* qu’Enaëlle dit à son mec était sincère et se justifiait bien par ses actes. Maël quant à lui, réalisait peu à peu le poids de la relation dans laquelle il s’engageait. Car, il savait bien que la fille avec qui il devait s’engager était fragile. Comme son premier amour, il ne devait pas la détruire par n’importe quel type d’infidélité qui, de nos jours n’épargne aucun couple. Elle est ce genre des filles qui, au début éprouvent des difficultés pour chérir. Une fois engagée, elle y reste fidèle. Le soleil se trouvait au zénith, il y avait de ce fait, nécessité de se revigorer par une bonne boisson très douce pour se désaltérer. C’est ainsi qu’à la fin de cette conversation émouvante qui se tenait debout en dessous de la passerelle, lieu où le bus avait laissé Enaëlle, ils s’embrassèrent et allèrent vers Italia, restaurant prévu pour leur rencontre.

Arriver au resto, comme les serveuses sont toujours et déjà souriantes et accueillantes, ils se retrouvaient devant une demoiselle avec une silhouette de rêve que l’œil masculin de Maël avait déjà remarqué ; heureusement pour lui Enaëlle se tenait présente, si non…un scenario se serait passé en tout cas. Parce que, malgré la présence de sa copine, son regard en cessait de se diriger vers cette belle créature d'une beauté éblouissante, aux cheveux naturels, avec un visage à croquer.

Pourtant son style pétillant, une jupe noire qui laissait entrevoir ses jolis mollets avec un blouson blanc se résume en un mot : simplicité. Le foulard qui couvrait son cou ne pouvait pas être vu de qui se tenait devant elle. Le mélange entre son expérience à ce métier qu’elle effectue depuis quelques années et son enfance dans ce quartier huppé de la capitale faisaient d'elle une femme élégante et naturelle qui n'aime que les couleurs sobres, les tenues confortables et les maquillages discrets. Le sourire de cette dame présente devant ce jeune couple ne débusquait guère son travail, s'intéressant à ses clients. La logique ici est la rapidité comme dans le fastfood. La dame sait faire son job, elle joue aux petits soins.

— Bonjour

— Bonjour mademoiselle, répondit le jeune couple

— Qu'est-ce que vous prenez ?

— Une Heineken pour moi, dit le mec

— Pour la meuf, le choix était clair. Moi je prends du Fanta.

— Tu ne prends pas de bière ?

— Non, non. Ça va merci, enchaina-t-elle juste pour la rassurer.

— Mais pourquoi, insistait de sa part Maël.

— Rire, tu sais bien que je ne prends pas du tout de la bière, moi.

— Ah je vois.

— Et c'est tout ? Vous ne mangez rien ?

— Euh… qu'est-ce que vous avez de bon ici comme repas ?

— Je vous apporte le menu.

— D'accord.

Pendant que la serveuse allait chercher le menu, les deux jeunes profitaient de la fraicheur de la climatisation de cet espace où il faisait beau vivre. Sous un soleil poussé par les conséquences du réchauffement climatique personne n'est épargné.

— Voici le menu, disait-elle avec sourire.

— Merci mademoiselle

— T'as vu le menu, demanda le gars à sa princesse. Qu'est-ce que tu prends ?

— La banane plantain, des frites et du poulet.

— Moi, je peux aussi le même plat que mon cœur mais avec frites, poulet et mayonnaise.

— Très bien, en attendant que je l'apporte, profitez de la boisson. Sentez-vous à l'aise et surtout n'hésitez pas un seul instant de requérir si vous avez un besoin, lança le groom avant de s'en aller.

— Merci.

Le jeune couple profitait de son temps, se rafraîchissait avec la boisson bien tapée sous le soleil agaçant de la capitale du pays de Lumumba. Un soleil à 34° qui frappait, faisant des maux de tête. En cet instant précis, le seul remède pour Maël et Enaëlle était de profiter au maximum de la présence réciproque de chacun en attendant l'arrivée de leurs plats. Se trouvant l'un en face de l'autre, il n'y avait aucune autre envie que de se regarder sans jamais se lasser. C'est le mystère de l'amour, qui permet à chacun de découvrir et de connaitre davantage son partenaire. Dans ce cadre, il devient le lieu privilégié où se vivent les fantasmes les plus profonds et les plus difficiles à abandonner. A cette étape, ils filaient le parfait amour, ils croyaient que leur histoire d'amour ne s'arrêterait jamais tant qu'ils seraient vivants.

Si seulement ils pouvaient deviner ce qui les attendait ! Ils n'avaient même pas fini de se faire leur promesse de toujours en se rappelant de leur première rencontre ; qu'arrivaient leurs plats, cette fois apportés par une autre serveuse aussi belle que la première. A la vue de cette dernière, d'un peu plus âgée que sa collègue d'avant et dont on pouvait voir à son annulaire gauche son alliance de mariage, laissant transparaitre son sens de responsabilité même à travers son accoutrement. A la voir, prend sens cette parole qui dit ''...on reconnait le moine par son habit.''

— Monsieur, votre plat est prêt, le voici.

— Merci

— Madame, le vôtre est là aussi.

— Si vous voulez quelque chose d'autre, n'hésitez pas de demander. Bon appétit à vous !

— D'accord.

— C'est délicieux le plat !

— Oui, surtout la banane plantain, je peux prendre un peu de mayonnaise chez toi ?

— Si, si. Je savais que tu allais beaucoup aimer

A chaque occasion qui se présentait à ce couple de se voir, ce fut un moment très bien vécu. Ils se sentaient en paix, en sécurité pour partager leur amour. Bien plus encore, manger au resto avec une personne qu'on aime est un plaisir que s'offrent généralement les couples. Il contribue beaucoup au divertissement et il peut être considéré comme un élément de plus dans le soin porté à l'autre. C'est un signe de considération. Comme toujours, il ne manque généralement pas ces moments intimes qui restent gravés dans la mémoire du couple. C'est pour cette raison que de nos jours, bon nombre préfère faire leur demande des fiançailles ou de mariage dans les restaurants.

Ainsi, l'instant magique passé dans les murs de Italia entre Maël et Enaëlle ne resta pas inaperçu ni ignoré aux yeux de la jeune femme qui, de plus en plus tombait amoureux de ce tout faisait son copain. Les liens se serraient davantage jusqu'au baiser lingual. Une des choses que la petite amie de Maël n'oubliera pas dans sa vie, en raison des souvenirs de son premier amour et de la sensation profonde de ce baiser.

Il sonne 14h 36'et les amoureux comptaient comme promis aller finir leur journée en faisant une petite promenade, dans le but de se détendre toujours et de profiter de la compagnie de l'un et de l'autre. Après le repas, ayant appelé la serveuse qui leur fit l'addition, Maël se préparait à payer l'addition. Il n'imaginait pas qu'Enaëlle aussi était prête à le faire. Grande fut sa stupéfaction de voir que pour la première fois une meuf le surprenne en payant la facture au resto. Nous sommes dans une société où la charge revient à l'homme. Et surtout que le mec préférait montrer son hégémonie et sa suprématie à payer. Sachant que dans les pays au sud du Sahara, les filles ont laissé la charge aux hommes jusqu'à faire une habitude.

Face à l'insistance de la meuf, Maël n'a pas trop hésité à la laisser faire, même si pour beaucoup d'hommes cela paraitrait comme une façon de le diminuer. Il en avait la conscience parce que sachant que sa meuf était la fille d'un banquier. Elle paya tout. C'est pour elle une preuve de bonne manière et d'un niveau d'instruction. Le gars dans son rôle d'homme le prit de bonne raison.

Le mariage est une complémentarité entre l'homme et la femme. Il n'y a donc pas à se soucier, plutôt à se comprendre et à vivre dans cette dynamique de l'un fait comme partie manquante de l'autre pour l'harmonie. Ayant laissé le restaurant, ils se dirigèrent vers la première rue où il y a un espace disposé à prendre de l'air frais et peut-être se faire quelques séances de shooting, une action qui est à la mode au 21e siècle. Après cette séance photo, c'est la montre qui interpellait Enaëlle sachant surtout qu'elle ne saurait pas fournir un argument convaincant sur son rencard à la maison, elle avait un seul choix : convaincre son chéri et rentrer à la maison. Quand elle imaginait la distance, la difficulté à trouver le transport et le temps que ces moyens y mettent pour arriver à son quartier, l'inquiétude accablait ses yeux. Après avoir persuadé son mec, ils partirent.

****

V

— Maël, je pense qu'on peut partir, l'heure avance.

— Oui, allons-y.

— Tu n'as rien oublié, j'espère !

— Non, je n'avais rien sinon mon téléphone qui est dans la poche.

— D'accord, en route.

— Traversons la passerelle et prenons le bus.

Le transport dans la capitale Kamandolaise se retrouve mieux que dans plusieurs autres coins du pays, il suffit juste de se pointer au bord de la route pour en trouver un qui va vers la direction où on veut s'y rendre. Deux minutes étaient déjà passées alors que Maël et sa copine se trouvaient rangés sur les assises au bord de la 1e rue de la commune de Amorien, un point du moins facile pour trouver le transport de son quartier. C'est quand Enaëlle se plaignait du temps qui coulait, que se pointait à quelques mètres d'eux, un bus quasi plein. En ce moment précis se profilait vite dans l'esprit cet adage qui dit « quand on parle du diable, on voit sa queue » qui pour eux se réalisait lorsqu'ils projetèrent leur vision de loin. Quelle joie !

Au loin, ils pouvaient apercevoir un receveur[6] debout, qui criait à tue-tête la destination où allait la locomotive qu'attendait le couple. Le transport s'organise de cette manière, dans la capitale kamandolaise, pour aider tout celui qui peut être distrait ou éloigné. Cette façon de faire devient un mode propre pour le transport kinois ; avec petite différence pour le taxi bus où il n'y a que le chauffeur qui affiche la destination écrite du lieu où il va. La voix rauque du jeune qui, de vue, ressemblait à un responsable dès par sa manière de s'habiller contrairement aux autres receveurs, ne pouvait qu'être une bonne nouvelle pour Enaëlle qui voyait déjà son interrogatoire

[6] Personne qui perçoit le frais de transport des passagers dans un bus.

s'aggraver à la maison. *Nzela-nzela*[7], répétait le receveur qui passait toute la journée debout penché sur la portière du bus à la recherche des passagers.

Le métier de receveur est peu noble pour nombreux. Mais la majorité de ceux qui le font le réalise faute d'emploi. En fait, ne dit-on : « il n'y a pas de sot métier, il n'y a que des sottes gens ? ». Maël et Enaëlle ont pris place à bord de ce 207, bus communément appelé *esprit de mort* à cause de plusieurs accidents de circulation dont cette marque est responsable. Le motif qui avait stimulé la jeune fille de 17 ans à y monter était le temps dépassé, car elle voulait être chez elle, à la maison. Le bus décoré en tricolore bleu ciel orné d'une étoile jaune dans le coin supérieur gauche et traversé en biais d'une bande rouge finement encadrée de jaune qui sont pratiquement les couleurs du drapeau kamandolais.

Ils prirent donc ce véhicule qui avait déjà quelques passagers à bord mais avec encore quelques postes vides. Une fois dans le bus, il y avait un débat houleux comme il est souvent de coutume dans la capitale de cet immense pays de l'Afrique Centrale. En général, les habitudes et modes de comportement sont de fois fruit de la vie sociale commune d'un peuple. Dans le transport en commun, généralement, les passagers sont très réservés et très silencieux du fait qu'ils ne se connaissent. Cependant à Kamandolo, il est facile de voir que dans un autobus les gens discuter d'un sujet qui, en soi, ne concerne pas les autres. Là où il y a des hommes, il y a toujours de quoi raconter mieux de quoi dire.

En ce samedi ensoleillé où le bus presque plein de gens dont la majorité semblait fatigué tant du poids de la semaine que du travail en réalité ; ils y eut un débat terrible entre deux personnes ; débat qui enflammera par la suite les autres personnes intéressées. Le football semble devenir l'un des divertissements les plus suivis et voire les plus discutés. Le bus dans lequel se trouvaient une quinzaine des personnes était en liesse qui des rires, qui des applaudissements qui d'autres de l'ennui

---

[7] Expression lingala qui signifie directement sans arrêt.

des bruits. La discussion tournait sur un match de football qui opposait les deux grandes équipes de la ville-capitale.

Un homme assis au fond du bus dont la voix parvenait jusque chez le chauffeur à la cabine parce qu'il parlait fort, s'en prenait à un autre qui paraissait plus jeune que lui. Les deux clubs au sujet desquels ils parlaient: Real Madrid et Barcelone ont toujours discuté des coupes et aucun d'entre eux ne se reconnait être inférieur à l'autre. Cette même attitude a toujours régné auprès de leurs supporteurs respectifs. L'arrivée d'autres clubs n'a toujours pas réussi à ébranler cette réalité qui, de nos jours a pris d'autres connotations même malsaines. Le débat se perpétua jusqu'à la 13ᵉ rue quand l'un des tenants descendu. Le bus resta plus calme, sachant que dans le transport en commun les uns sont fatigués, venant du boulot et d'autres d'une journée surchargée.

Certains endroits sont devenus très familiers aux Kamandolais en ce qui concerne les embouteillages. L'entrée de la destination est une place stratégique dans la circulation, alors la compréhension et le bon sens des conducteurs est une clé majeure pour s'en sortir. Le bus d'Enaëlle n'avait pas échappé à cette contrainte du trafic. Il leur avait fallu une bonne dizaine des minutes pleines des disputes entre chauffeurs, police de circulation routière et receveurs. C'est cela, quelque fois, la réalité du pays colonisé par les belges. Quand le bus arriva à destination et que tout le monde y était descendu ; l'obscurité envahissait malgré la lumière publique qui éclairait la route. Et la circulation devenait de plus en plus restreinte et difficile à trouver. Maël et Enaëlle s'en allèrent vers chez la fille car, l'heure avançait de plus belle.

Il sonnait 18h dépassées de 47 minutes, quand Enaëlle arrivait chez elle à la maison. Elle ne s'y imaginait nullement ce qui l'attendait :

— Où as-tu passée toute la journée, rétorqua sa mère qui était assise au salon.

— Quand j'ai fini à l'école, je suis allée voir Plamédie mon amie, répondit Enaëlle.

Plamédie est sa meilleure amie depuis l'école primaire et, puisque connue à la maison, Enaëlle croyait l'utiliser comme bouclier. Mais malheureusement pour elle, elle n'avait pas fait signe à Plamédie de la défendre face au jugement familial auquel, d'ailleurs, elle comparait rarement. Enaëlle n'imaginait pas un seul instant rentré tard à la dar. Plus elle prenait de l'âge et encore mieux, depuis qu'elle avait un mec, elle n'arrêtait de désobéir aux ordres familiaux : ne pas rentrer après 18h à la maison ; à quelques exceptions près pour les universitaires. Et pourtant, sa mère très préoccupée, avait appelé Plamédie pour savoir là où se trouvait son amie. Plamédie elle, avait juste reconnue qu'elle était avec son amie à l'école mais qu'après, elle ne savait plus où elle était passée. C'est vrai qu'elle connaissait toute la réalité mais après avoir mesuré le risque, elle ne pouvait rien dire à la maman, sinon ça serait une déloyauté de sa part.

Pour ceux qui connaissant la valeur de l'amitié, ils savent aussi jusqu'à quel point, l'on est prêt à défendre son ami dans n'importe quelle situation de la vie. Mais là, les deux filles se rendaient bien compte du niveau où elles se trouvaient et ne savaient comment sortir de ce gouffre mensonger. Elles étaient conscientes de l'ampleur que prenait la situation : son amour avec Maël, malgré ses 17 ans, la supercherie orchestrée pour passer l'éponge sur toutes ses sorties intempestives depuis un moment, les astuces usées pour répondre à ses rencards, et enfin de compte la complicité tacite de Plamédie.

L'on se souviendra que nous sommes en Afrique, mieux à Kamandolo où la responsabilité des parents s'exerce encore de manière remarquable contrairement à la société occidentale. Le critère d'âge joue aussi beaucoup dans ce processus non seulement de l'éducation à la vie sexuelle, sujet quasi tabou encore, mais de la pudeur et de la protection des mineurs. C'est donc, le devoir des parents de veiller sur leur progéniture. C'est ici où beaucoup vont très loin jusqu'à choisir des maris ou des femmes pour leurs enfants. Si à la femme, plus penchée vers les filles est confiée la charge de hisser leur éducation ; la part complémentaire de son mari n'est pas de mise.

Dans cette situation, Enaëlle réalisait à quel point son problème devenait sérieux. Elle, en sa qualité de *fille-modèle* de la maison par rapport à sa sœur aînée, se voyait perdre sa dignité et toute sa confiance à cause de l'amour qui la possédait désormais, était devant une équation à plusieurs inconnues Elle s'interrogeait : est-ce que lâcher le morceau et se sauver ou le garder et trouver d'autres issues. Voilà un dilemme ! Sa mère plus que préoccupée et même hyper irritée voulait en savoir de plus sur le comportement de sa fille qui avait brusquement changé. C'est là que commençait la dégringolade à petit feu de l'empire de Maël et sa copine.

— Dis-moi la vérité où étais-tu ? je sais bien que tu n'étais pas chez Plamédie parce que je l'avais appelée, elle m'a dit vous vous étiez séparées à l'école. En plus, c'est en ce moment précis que ton téléphone était éteint et là, tu commences à mentir ! Tu me prends pour une inepte, enchainait maman Luciana avec rage. En sa qualité de mère, elle comprenait à travers son attitude et sa manière de bafouiller que sa fille tripatouillait quelque chose et qu'il était temps de faire toute la lumière sur la situation afin de la sauver avant qu'elle ne s'aggrave.

— Tu sais que suis ta mère et que tu peux me dire, non !

— J'e-e-e-étais à Limete…répondait la fille, en barbotant et dont on ne pouvait entendre à peine quelques paroles.

— À Amorien ? Quoi faire ma fille?

— Voir un ami, maman.

— Tu l'avais dit à qui ?

— Mais ma-ma-man, je voulais te dire mais…

— Mais quoi ? Tu as aimé un garçon ?

Entendre cette phrase sortir de la bouche de sa mère, était un coup de bleu. Elle était effondrée de savoir comment allait finir cette histoire qu'elle a toujours tenu secrète chez elle en famille mais qui venait d'être mis au grand jour. Prise de panique, Enaëlle avait nié l'affirmation de sa maman. Là, s'ouvrait davantage une brèche qui aboutirait à tout prix à la connaissance de cet amour méconnu de sa famille pour des raisons dont elle redoutait déjà les réactions. Sa mère comprenait dès lors que la fille dissimulait quelque chose. Elle pouvait en douter, cependant une évidence était certaine : elle était déjà une grande fille et dans quelque mois elle finirait les humanités avant d'embrasser l'université.

En ce moment, une idée se profilait : appeler Plamédie pour qu'elle maintienne elle aussi, la même version des faits sans laisser ni filtrer ni transparaitre quelque information que soit sur leur relation. La complicité qui régnait entre les deux filles et faisait comprendre que personne d'entre les deux ne dirait une chose contraire qui puisse trahir l'autre.

Pendant ce temps, Enaëlle trouvait son refuge auprès de Diane, sa sœur car entre les filles il y a moins des secrets, surtout pour des sœurs qui partagent la même chambre, les bijoux et les mêmes habits. La vie qu'elles partagent les rapproche et augmente en chacune la confiance et le souci de protéger l'autre. Les deux filles partagent l'intimité, dorment dans la même chambre, ce qui n'exclut cependant pas le respect de la privacy dont chacun au 21e siècle se déclare défenseur. La manifestation plus explicite de cette privacy parait dans la gérance du téléphone. Les téléphones androïdes aujourd'hui sont plus codés que jamais, si ce n'est par un schéma à dessiner sur empreinte digitale, c'est par une combinaison des chiffres pas facile à décrypter à moins d'être un hacker informatique pour le pirater. C'est le défi de la modernisation dont personne ne peut échapper.

A sa sœur, Enaëlle a tout dit sans honte ni peur. Pendant qu'elle racontait à sa grande sœur avec qui elle a une complicité extraordinaire, il eut quelque chose qui attira l'attention de celle-ci. C'était flippant ! Elle constata que la petite fille-modèle de la maison, le chouchou de papa avait déjà été dépucelée sans qu'elle ne sache. Ce qui intrigue le plus Diane, c'est le manque de transparence cette fois-ci de sa petite sœur qui a dû cacher cette information aussi grave que sensible. Diane connaissait toute l'évolution de la relation de sa sœur avec Maël, mais n'imagerait pas ce qu'elle venait de découvrir non de la bouche de sa frangine mais de ses conversations téléphoniques. On peut alors bien comprendre dans la vie, le sens vrai de ce que les psychologues appellent le *moi-caché,* lieu où chacun garde des secrets où personne n'est censé connaitre s'il ne le dévoile. La désolation de Diane était celle de découvrir l'échange entre Enaëlle et son mec Maël, qui abordait une question épineuse et sérieuse à la fois qu'est celle de l'avortement. Qu'est-ce que qu'elle est grosse ma petite Enaëlle, s'exclamait Diane à la vue de la discussion WhatsApp sur le phone de sa sœur absente en ce moment.

Selon les conversations lues, Diane a compris qu'Enaëlle ne maitrisait pas son cycle menstruel et qu'il demandait à son copain de l'aider parce qu'elle ne se sentait pas bien depuis le jour où ils étaient ensemble. Diane mesurant la gravité de cet acte et soucieuse de la santé de sa sœurette, pouvait plus se contenter d'en discuter avec sa sœur. Elle voulait être rassurée si réellement elle n'était pas grosse. Mais en cet instant Enaëlle, absente de la maison ne savait rien de la découverte faite par la future journaliste qui s'est livrée à une première initiation à l'investigation. A son retour à la maison, elle sut que quelque chose n'allait pas bien chez sa sœur.

— Enaëlle, tu étais où ? lança l'étudiante d'un ton plein de rage, avant de continuer : tu es allée voir ton mec pour avorter ? Je ne savais pas que tu étais grosse, mais pourquoi tu nous as cachés. Qu'est-ce que tu croyais, que personne ne le saurait ?

— Quoi ? Qui t'as dit que je suis grosse, répondait avec des sanglots.

— Quand tu le disais à ton mec, qu'est-ce que tu pensais ?

— Ah donc, tu as fouillé mon phone ?

— Oh non, Enaëlle en soi ce n'était pas celle-là mon idée. Viens on va en discuter et trouver solution.

Après cette altercation entre les deux filles, Enaëlle s'en alla dans sa chambre et commençait à pleurer. Elle voyait la relation qu'elle venait de bâtir avec peine et patience s'envoler comme de la fumée. Les signes révélateurs de son déclin s'annonçaient sans débonnaireté pour elle. D'un côté sa maman, de l'autre sa sœur, auprès de qui elle pouvait trouver consolation.

La seule alternative que Diane trouva pour aborder ce problème qui heurtait sa petite sœur était de lui demander de convoquer son mec pour qu'elles essaient de discuter avec lui. Après lui avoir fait comprendre les risques qu'elle courait, l'étudiante réussi à convaincre sa sœurette à entretenir un dialogue franc afin de trouver une solution à leur niveau.

La première certitude qu'elle voulait fut celle de savoir si la grossesse existait bel et bien. L'idée de faire alors le test de grossesse planait et se proposait comme la seule solution idéale avant que la nouvelle ne parvienne aux oreilles de leurs parents. Le test fut acheté et comme il ne requiert pas un grand effort pour le réaliser, ne tarde pas aussi à donner le résultat. Fort heureusement pour Enaëlle, le résultat est négatif. Elle n'était donc pas enceinte. Enaëlle croyait dès lors qu'une lueur d'espoir pouvait accompagner sa vie ; pourtant sa bataille était loin d'être finie. Il en restait encore beaucoup. C'est une situation qui la traumatisait et dérangeait ses études.

Cependant, du côté de sa sœur ainée, c'est fut un cas à prendre au sérieux. Diane dans son droit de grande sœur de surcroît expérimentée en la matière, se sentait plus que préoccupée et voulait mettre fin à la relation qu'elle jugeait toxique, basée sur le sexe que le garçon voulait et rien de plus. Elle se résolut en fin de compte, sans consentement de sa sœur d'en parler à ses parents pour sauver la vie et l'avenir de sa petite sœur.

Diane au regard de l'allure que prenait la relation, jugea qu'il y avait, il y avait nécessité d'agir vite, avec discernement comme, le dit la sagesse populaire: ''vaut mieux prévenir que guérir''. Parmi les mesures préventives qu'elle envisageait, elle commença par arracher le téléphone d'Enaëlle, une façon de la priver de tout contact et de toute communication avec son copain. Elle était décidée à en finir pour aider sa sœur. Le comble ce qu'elle ne mit même pas une minute pour réfléchir et imaginer ce que pouvait ressentir Enaëlle.

Le jour suivant, Diane comme toujours alla à l'Université. Toute la journée elle avait la tête ailleurs pensant à la suite de sa petite sœur. Son attitude inquiétait un peu son amie Plamedie qui ne manqua pas de lui demander si elle avait un problème.

— Diane, est-ce que ça va ?

— Oui !

— Tu n'en donnes pourtant pas l'air, s'inquiétait Plamédie. Elle avait raison de s'inquiéter, parce que 5 ans d'amitié suffisaient pour qu'elle se rende compte en ce jour que la mine de sa copine n'était pas celle de l'accoutumée.

— Non, t'inquiète. Ça ira…

— Comment ça ira ! T'as un problème que tu ne veux pas me dire je vois ? si tu ne me dis pas en quoi suis ta meilleure amie alors ?

Face à ces mots soucieux et touchants qui rappelaient combien profonde la relation qui unit les deux jolies étudiantes, Diane ne sut se contenir de raconter à son amie Gradie tout ce qui arrivait à sa sœur. La petite ''sainte'' dont on ne pouvait imaginer dans une aventure pareille. En effet, tous les membres de la famille Nkwama savaient qu'Enaëlle n'avait pas connue d'homme et qu'elle n'avait même pas un petit ami malgré ses 18 ans qui se dessinaient à l'horizon de quelques deux mois. Mais la réalité était déjà là tout ce qui restait c'était d'y faire avec. Diane pensait inviter le copain de sa sœurette pour qu'elle papote avec lui. C'est l'idée que refusa catégoriquement Plamédie, son amie.

— Mais pourquoi tu veux l'inviter ?

— Je désire parler avec lui et en savoir de plus.

— Savoir quoi ? Tu ne sais pas qu'il sort avec Enaëlle ?

— Si je le sais, mais…je crois que ce mec profite juste de ma sœur.

— Oh, profiter de quoi ? Ils sont juste amoureux ma chérie et essaie de comprendre cela. Et donc, tu crois le savoir quand tu l'inviteras et parleras avec lui ?

— Oui, et c'est mieux d'ailleurs qu'ils arrêtent cette relation. J'ai une mauvaise appréhension. Ils sont sortis ensemble et après la situation a mal tourné. Imagine si elle était grosse comment ça serait, comment les parents allaient le prendre ? De toutes les manières, elle est encore une gamine, pas encore majeure alors que le gars, lui, était déjà à l'université et avait déjà fait sa vie.

— Diane, là n'est pas le problème. Ils s'aiment et c'est tout. Tu risques de détruire la vie soit de ta sœur soit du pauvre garçon qui peut-être est loin de ce tu penses. En soi, l'amour est l'une de ces choses plus difficiles à expliquer. Tu ne vas pas mettre fin à leur relation après tout. C'est vrai qu'elle est encore mineure, mais elle aura bientôt ses 18 ans et commencera l'université dans quelques mois. Toi-même quand est-ce que tu as aimé ton premier mec ? Pas à son âge ? Et alors, pourquoi ça dérangerait chez elle ? Ils se sont déjà habitués ensemble… ils sont sortis ensemble, dans cela, la chose plus importante est qu'ils sont amoureux l'un de l'autre. Tu dois en être contente, toi. Le plus raisonnable pour nous, serait de les aider à vivre leur relation de façon mature et sage pour que le pire ne leur arrive. Et toi, évite de séparer deux cœurs qui s'aiment…Tu le payeras cher.

— Pour moi, il est temps de tirer la barre sur cette relation que je trouve toxique, basée sur le sexe et l'argent. Ce gars profite de ma sœur, abuse d'elle et lui soutire des sous et je parie qu'il a une autre meuf dans son université, qui le sait ? En plus, il est d'une famille pas aussi riche, alors que de nos jours tout cela compte. Qu'il la laisse, c'est mieux, elle trouvera un mec friqué et pourront vivre ensemble, d'ailleurs elle est encore jeune.

— Ah bon ! Je vois alors ton souci…c'est sa classe sociale qui te consterne ? Suis désolée, ce n'est pas cela que tu devais faire ni dire comme grande sœur. L'amour est au-dessus de tout. Au 21e siècle, le rôle de la famille n'est plus décisif comme au temps de nos ancêtres. Elle doit aider, accompagner les jeunes qui s'engagent, peu importe leur âge, leur classe sociale et non les séparer à cause de telle ou telle autre considération. Tu retiendras qu'en amour le choix le plus judicieux dépend des acteurs eux-mêmes pas de membres de leurs familles.

— Plamédie, ce gars personne ne le connait chez nous à la maison. Et quand j'imagine comment réagiront les parents quand ils apprendront cela…Ils seront premièrement médusés de l'apprendre et ils peuvent le mettre en prison. C'est une infraction, l'acte posé. Moi je veux juste parler avec eux et trouver un moyen de les séparer à l'amiable. Au tour de la question, les deux filles ne se mirent pas vraiment d'accord. Diane était déterminée à mettre fin à la relation de sa sœur malgré les conseils de sa meilleure amie, Plamédie.

Gong…gon… c'est le son de la sirène qui marquait la fin de pause. La discussion n'étant pas finie, les deux amies se donnèrent rendez-vous à la fin de cours pour voir dans la mesure du possible la solution à ce problème crucial. Le cours fini, après une longue discussion entre les deux étudiantes, Diane tenait à sa décision même si son amie ne partageait pas son avis, elle se résolut de parler avec ses parents pour que sa frangine se sépare de son copain.

Enaëlle de sa part, affectée et dépitée de la réaction de sa sœur aînée, déprimait de plus en plus dans sa tristesse et quand de plus, elle pensait aux conséquences qui pourront lui arriver une fois que ses parents apprendront sa relation. Son amertume devenait plus grande. En même temps, la jeune fille se réjouissait de son âge proche d'être majeure et de l'intérêt qu'elle portait à sa vie amoureuse dont elle gardait encore quelques bons souvenirs. Elle était consciente, bien que difficile, mais du moment où elle commençait à rencontrer son bel homme, elle se sentait plus épanouie qu'avant. Peut-être que cette jouissance ne sera qu'éphémère, de courte joie.

Le matin dans la famille Nkwama c'est tout le monde qui est en mouvement. Papa va à la banque où il travaille, Diane à l'Université, Enaëlle au collège et Silvia, la cadette étudie dans le même collège que sa sœur. La maman reste à la maison pour le déjeuner, courses et entretien de la maison. Elle fait ce ménage généralement quand la bonne n'est pas encore arrivée. De fois, c'est papa qui porte les enfants à l'école dans sa voiture.

Mais ce matin du lundi, deux jours après qu'elle soit rentrée tard et que sa mère dut intervenir pour savoir la cause, la mine d'Enaëlle inquiétait tout le monde. Seule Diane savait savoir ce qui la tracassait ; elle aussi ne pouvait encore rien dévoilé car son investigation n'était pas encore finie. Du moins, elle avait pris sa décision, et tout était clair pour elle. Les parents eux, croyaient que c'est le fait qu'elle était rentrée tard le soir après le blâme de sa mère. Ils étaient loin de pouvoir imaginer ce qui torturait la petite fille-modèle de la maison.

Enaëlle, elle aussi, se confiait à sa meilleure Plamédie pour qu'ensemble elles essaient de trouver une solution adéquate. Mais son camp avec sa copine était buté à ce grand problème et la chance de réussite se montrait très réduite. Le doute et le silence de sa sœur ainée ne cessaient d'inquiéter la fille de 17 ans. Le besoin d'informer son mec se manifestait mais, elle n'avait pas son téléphone parce que ravi à la maison ; heureusement qu'elle pouvait toujours compter sur Plamédie, sa meilleure amie. Elle se servit du téléphone de sa confidente pour appeler et avertir son copain avec qui elle n'avait plus contact depuis le soir où ils s'étaient séparés.

— Allô Maël !

— Oui. Allô, Plame, ça va ?

— Ça ne va pas. Ce n'est pas elle, tu parles à Enaëlle.

— Mais pourquoi ton phone ne passe pas ? Qu'est-ce qui ne va pas ?

— J'ai un problème sérieux à la maison

— Lequel ?

— C'est depuis le dernier jour où nous étions ensemble qu'à la maison, ils connaissent maintenant tout de notre relation. Mon portable est arraché et ils ne me laissent plus le temps de sortir. C'est pour cela même que je t'appelle par le phone de Plamédie.

— Ouf ! suis désolé. On peut se voir ? T'es où ?

— Suis au collège. Je te fais signe vers 14h avant que le cours ne finisse.

— D'accord. Sois calme, j'arrive on va en parler.

— Okay, je t'aime bye.

— Bye, je t'aime aussi. Bisous et à très bientôt !

Entre temps, les deux copines essayaient de trouver une solution mais en vain. Pour Plamédie, sa copine ne devait que garder son calme et informer à la maison sa liaison avec son Maël. Elle, connaissant ses parents ne prenait pas le risque d'accepter cette proposition.

— Mais Plamédie, tu sais bien que j'ai 17ans ! Papa et maman sont très exigeants pour cela, surtout qu'on est déjà sorti ensemble, quand ils le sauront ça sera très grave pour lui. Je ne veux pas qu'il puisse le traduire en justice ; il risque 5 ans de prison tu le sais bien. Là, je le perdrai, c'est ce que je ne souhaite pas. Je ne veux pas perdre mon gars.

C'est un vrai incident pour ces petites filles pas encore capables d'affronter ces genres des questions. Pour elles, dans les situations pareilles ce sont les larmes qui viennent en premier pour se consoler. Fort heureusement que l'homme ne tarda si tôt qu'l reçu le texto qui lui indiquait que les cours tendaient à la fin. Il prit une moto et arriva au collège, école où étudient les deux meufs qui l'attendaient déjà à la porte d'entrée. Quand il arriva, le garçon, il trouva sa copine qui donnait mine de désolation prête à fondre en sanglots. Ce qui l'affecta le plus en plus de prendre la mesure de la gravité de la situatin. Enaëlle alla se jeter dans les bras de son amant, juste pour être rassurée. C'est cela l'amour: trouver une personne sur qui l'on peut compter en temps de tempêtes.

Dans le cas de ces deux jeunes, la difficulté demeurait au niveau de l'illégalité de leur amour qui n'était pas officiellement connu. Cet amour était en train de fondre dans l'abîme, dès lors qu'il ne savait pas ce que serait la réaction des parents de la donzelle, à la découverte de la nouvelle. C'est là où pesait la décision de la famille lorsqu'elle s'ingérait dans la vie amoureuse de sa progéniture. C'est le drame que connait le jeune couple que les promesses de vivre un jour l'un à côté de l'autre, unissait et rassurait.

Après un bon moment passé ensemble, Enaëlle, plongée dans les bras chauds et musclés du jeune homme de 22 ans, son mec, se sentait plus consolée et moins agacée du profond embarras pour lequel ils s'étaient même fixés le rencard. Le problème était là, il fallait l'affronter et trouver solution pour sortir vainqueur. Avec l'aide de Plamédie, ils essayaient ensemble de trouver une issue. Pour Enaëlle, il n'était donc pas question de dévoiler sa relation à ses parents. Car, estimait-elle le risque était grand et d'exposer son mec à la colère de sa famille. Il était donc hors de question d'en parler à son domicile ; avis qui fut proposé par les deux autres qui partageaient le sucré avec elle cet après-midi.

La préoccupation majeure pour tous demeurait le salut de ce couple en difficulté. Enaëlle se préoccupait de plus pour sauver sa relation mais elle était dépourvue non seulement de forces mais aussi de moyens sachant que ce sont ses parents qui en avaient la clé, pas elle. Dans sa famille, le décor planté, les mécanismes étaient mis en marche pour mettre fin à la liaison entre ces deux jeunes. ''A l'impossible nul n'est tenu dit-on''. Cette séparation sera la chose la plus dure que vivrait Enaëlle. Mais elle n'a vraiment pas le choix devant sa famille qui pourvoit à tous ses besoins.

A la fin de cette rencontre passée aux côtés de son mec et de sa meilleure amie, la fille de 17ans se sentait bien plus en forme avec un moral remonté. Dans la vie, certains problèmes se résolvent juste par le temps, l'écoute et l'attention que l'on accorde aux personnes qui en ont le plus besoin. Elle s'est fait accompagnée par son copain qui semblait plus optimiste et qui croyait la revoir bientôt malgré que celle-ci, privée de toute rencontre et de tout contact avec lui, devra toujours fournir un effort pour qu'ils se voient de nouveau.

— On se voit quel jour encore ?

— Je ne sais pas encore mon chéri. Tu sais que je n'ai plus de téléphone ces jours et privée de toute sortie; de toutes les façons, sois tranquille, je te ferai signe même par Plamédie.

— Sois sage et surtout sois forte nous allons nous en sortir. Je ne veux pas te perdre moi.

— Moi également. Je t'aime et je dois filer pour que je n'arrive pas encore tard et amplifier la situation. Rire…

— Oui, tu as raison. Allez, prends soin de toi. Je t'aime.

— Bisous !

Quand ils sont partis, avant de se séparer, Maël embrassa sa copine comme ils en ont l'habitude à chaque fois qu'ils se voyaient. Cependant, comme le souligne la sagesse populaire ''le monde est petit, même les murs ont des oreilles'', passait un ami au papa de la fille qui vu la scène et s'en alla sans que ceux-ci s'en rendent compte. N'est–ce pas là un témoignage de plus, mieux qu'une preuve qui, une fois, dévoilée en famille accélèrera le processus de leur séparation déjà entrevue.

Ainsi leur baiser échangé, les deux jeunes se séparèrent et chacun regagna son toit. Ils ne pouvaient imaginer ce qui les attendait le soir après une journée quasi tourmentée par les soucis de voir leur relation s'envoler en un clin d'œil. Pour eux, la rencontre leur avait fortifié et avait boosté de plus la confiance de leur amour qui se soutenait malgré la dure épreuve.

Rentrée chez elle, lorsqu'Enaëlle arriva au seuil de la porte de sa parcelle, elle gardait la mine que le rencard avec son copain avait fortifiée. Mais la surprise de ce soir ne la laissa indifférente, elle s'en souviendra toute sa vie. Elle était sans savoir que lorsqu'elle embrassait son gars sur la route, un ami de son père les avait vu et avait déjà fait passer le message à la maison auprès de ses parents. Cette dénonciation amplifia de plus le drame qu'elle vivait en ce dernier temps avec Maël et dont aucune issue n'était en vue

Poignardée au dos, elle n'arrivait pas à deviner la personne qui puisse faire parvenir ce genre d'information en famille. La préoccupation majeure en cet instant ne fut pas vraiment celle de connaitre l'accusateur car, quand ''le vin est tiré, il faut le boire''. Le plus frustrant dans tout cela, c'est la part de vérité qu'elle devait avouer lorsque ses parents le lui auraient demandé. Sa bataille intérieure restait la charge qui l'encombrait sur le changement de l'image donnée à ses géniteurs. La confiance qu'ils avaient en elle, n'allait-elle pas diminuer ? C'était une vraie catastrophe pour l'avant dernière de la famille Nkwama.

Une fois arrivée, Enaëlle entra dans la maison et directement se dirigea vers sa chambre. Il était 16h dépassée de 23 minutes, il n'y avait à la maison que sa mère qui préparait le repas, quand elle arriva, son père au travail et ses autres sœurs et frères pas encore arrivés. Pour elle, demeurer dans sa chambre la rendait plus au moins tranquille depuis ces quelques jours de tumulte. Sans téléphone, la vie d'une ado ne pouvait que devenir morose. Cependant, à deux mois de l'examen d'état, c'était aussi une occasion en or de revoir ses notes pour une très bonne assimilation.

Le soir arriva et toute la famille comme à l'accoutumée se réunit pour le repas. Un bon plat de fumbwa[8] au poisson fumé servi avec du fufu. Il y avait à côté de la banane plantain. A chaque fois que cette famille mangeait la banane, elle se rappelait ses souches, car originaires d'une province du pays, elle reste fidèle aux plats ancestraux de cette province. Alors que tout le monde savourait avec grand appétit le repas fait par maman, Enaëlle semblait être absente. Les parents à leur tour, n'ont pas abimé l'ambiance de cette soirée en famille, ils ont plutôt laissé passer les choses en voulant bien les régler entre eux avec la fille elle-même, sans trop tirer l'attention des autres enfants.

C'est pour cette raison qu'après le repas, alors que les autres étaient dans leurs chambres ; les parents convoquèrent Enaëlle et sa grande sœur pour en avoir le cœur net sur tout ce qu'ils avaient entendu. Au finish d'un interrogatoire coriace et long, qui faisait penser à un jugement au barreau, la décision était prise. Enaëlle devait rompre avec son copain et ne pouvait plus le voir. Elle ne pourrait non plus utiliser son téléphone ni la même carte sim d'avant, de peur que le garçon l'atteigne. Elle devait pour cela, changer de carte sim.

Pour la jeune fille, c'est fut injuste la décision de ses parents qui lui privaient de l'amour de celui qu'il aimait pour la premiere fois de sa vie. Elle avait beau pleurer et supplier mais ses géniteurs restèrent catégoriques et lui avaient même promis qu'une fois qu'elle ne respecterait pas la consigne, certains avantages lui serait coupés. Là, c'est un coup d'épée au dos pour Enaëlle.

Voilà que venait de commencer pour elle, une page sombre de son histoire amoureuse. Comment laisser envoler le rêve de toute une vie ? Et tant de promesse et d'avenir pensés ensemble ! C'est un monde qui s'écroule autour du couple. Elle ne réalisait pas que la relation dont elle s'était pleinement engagée avec tant d'amour s'éteigne comme une paille brulée ; que l'amour qu'elle portait pour ce garçon qui,

[8] Mets congolais.

pour elle était le premier de sa vie, s'arrêtait dans leur salon familial. Quelle hallucination ! Quelle trahison ! Quel désespoir ! Quel dégout !

En fin de compte, la carte était jouée, elle ne devait plus que respecter car, l'ultimatum était déjà lancé. Enaëlle était prête à tout perdre mais une chose la retenait encore. Elle n'avait pas l'âge requis pour son émancipation et les moyens financiers peu suffisants ne lui permirent donc pas de partir du toit familial. Elle n'avait plus de choix qu'entre, respecter la décision de ses parents d'une part, et de l'autre, accepter sa séparation de force d'avec celui qu'elle aimait. Comme premier amour de sa vie, celui qui occupait une place prépondérante dans son cœur.

Durant tous ces jours de bourrasque, Enaëlle n'avait qu'une envie, se jeter dans les bras de son amant pour se sentir ragaillardie après la trahison des siens. Son mec était le seul et l'unique secours qui lui restait et sur qui elle pouvait compter. A voir l'heure tardive, sans son smartphone ; elle se rendait petit à petit compte du trou que cette séparation imprimait dans sa vie. C'est l'une des moches soirées de sa vie. La nuit porte conseil, dit-on ; elle alla se coucher pour essayer de se dépasser mais dans certaines circonstances même le sommeil devient ennemi.

La journée suivante qui s'imaginait très longue et lassante n'avait pour elle qu'un seul désir : chercher le moyen de parler à celui qu'elle appelait ''son cœur''. Heureusement qu'elle peut toujours compter sur son amie Plamédie qui, en plus de lui prêter son téléphone la consolait et lui était une aide solide à travers ses bons conseils et son assistance.

C'est en pareille circonstance que l'on reconnait ce que dit ce proverbe allemand : ''l'amitié dépasse la parenté''. En ce sens, la vraie valeur de l'amitié, celle vraie se concrétise quand elle donne saveur à la vie. C'est l'exemple d'une Plamédie toujours disponible pour Enaëlle. Elle était pendant sa crise le refuge fondamental quand elle n'avait plus de contact avec son celui qui était en train de devenir son copain. Si tôt sortie, elle s'en pressa à rencontrer son amie et lui raconter la triste décision de ses parents.

— Salut Plame !

— Oh, ma chérie tu te vois très mal, qu'est-ce que tu as ?

— Ouf … je vois comme si le monde s'est arrêté là pour moi.

— Qu'est-ce qu'ils ont dit, tes parents?

— Ah ! C'est bizarre Plamédie !

— Comment ça bizarre ?

— Ils me demandent de rompre avec lui. Pour le moment pas de téléphone et changer de numéro pour ne plus être en contact avec lui et qu'on ne se voit plus.

— Ouf !! Je ne sais quoi dire sans blague. C'est dur à supporter.

— Je l'aime, mon Maël. Je ne sais même pas le lui dire ! une histoire qu'on a construit qui s'envole comme un feu de paille !

— Bah, ma chérie tu sais de toutes les façons, t'as pas de choix. Ce sont eux qui te payent les frais, qui te donnent tout. Ton âge est un handicap si tu t'entêtes, ils peuvent le poursuivre en justice et tu n'as pas des sous pour quitter la maison. Et même si tu quittais, où iras-tu habiter ?

— Ce n'est pas à eux de décider avec qui je dois sortir quand même ! Ils oublient que j'aurai mes 18 ans dans deux mois. Je leur ai expliqué tout cela, ils n'ont même pas voulu m'écouter…

— Ma grande, je comprends la douleur et la peine que tu ressens en ce moment ; mais dis-toi que t'es encore mineure, en plus dans un mois ce sont les examens d'état. Essaie de dépasser cette histoire, je sais bien que c'est difficile pour toi mais tu y arriveras. Okay ?

— D'accord. Merci. Mais je dois appeler Maël pour le lui dire.

Encouragée par son amie, Enaëlle appela son copain et lui expliqua toute la situation. Ce dernier ne croyait pas à ce qu'entendaient ses oreilles. Il se voyait dans un film-fiction ou dans un rêve où il se réveillerait plus tard. C'est petit à petit que le jeune couple se remettait de la situation où ils devaient juste comprendre qu'ils devenaient l'un à l'autre ex. Au fil des jours, plus de contact possible entre eux éteignait à petit feu la flamme d'amour qu'ils partageaient entre eux et chacun de son côté devait, malgré la douloureuse séparation, chercher à se remettre et organiser de nouveau sa vie.

La vie réserve beaucoup de surprise et les relations humaines mal bâties peuvent conduire parfois à des vengeances inattendues. C'est de cette manière que cette famille ne permit pas à ces jeunes de développer et de vivre avec liberté leur amour. L'année n'ayant pas trainé, Enaëlle décrocha son diplôme d'état et alla poursuivre ses études universitaires dans une université du pays. Maël, quant à lui, continua son parcours académique à l'Université Catholique de Kamandolo, où il trouva une jolie fille avec qui il vit jusqu'aujourd'hui.

Le choix de l'époux ou de l'épouse ne dépend pas de la famille même elle peut apporter son aide dans cette recherche. Car, si certains oublient des évènements douloureux liés à des déceptions amoureuses, d'autres par contre, essayent d'y trouver de la force. Comme le dit si bien un adage : « tout se paie ici-bas ».

Après ses études universitaires en droit, Maël fit son entrée à la police et devint avec le temps un haut cadre. Au bout d'un parcours brillant, il fut nommé commissaire général de la police de la ville capitale de Kamandolo. Il passait un jour dans son cortège quand soudain il vit la police brutaliser un monsieur pour mauvaise conduite au volant. Descendu pour s'enquérir de la situation, il se rendit compte que l'homme arrêté fut le papa Nkwama, le père à son ex copine Enaëlle. En pareille circonstance, la vengeance se mange soit à chaud soit à froid. En commissaire, Maël aida ce papa à sortir du merdier dans lequel il se trouvait. Sans avoir quel ange du ciel l'avait aidé, le papa Nkwama ne cessait de le remercier pour sa clémence.

Cependant, Maël n'oublia pas de rappeler à ce banquier qui il était devenu après la rupture forcée avec sa fille et le changement advenu dans sa vie à cause du refus de ce mariage. Quelque fois malheur est bon, dit-on. Le choix du conjoint ou de la conjointe est l'apanage seul des amoureux, pas de la famille ! Il n'est lié à aucune contrainte religieuse, sociale, politique ou financière.

Printed by Books on Demand GmbH, Norderstedt / Germany